新史学

观 古 今 中 西 之 变

# 历史学是什么？

## 科学与艺术之争

[美]斯图尔特·休斯　著

刘　晗　译

北京师范大学出版集团
BEIJING NORMAL UNIVERSITY PUBLISHING GROUP
北京师范大学出版社

还有那被英国人在鲁昂，

诅咒并烧死的圣女贞德；

上帝之母，她们在哪里？……

昨日的雪，如今在何方？

**——弗朗索瓦·维庸《古美人歌》**

（François Villon, *Ballade des Dames du Temps jadis*）*

---

\* 弗朗索瓦·维庸（François Villon）：法国中世纪最杰出的抒情诗人。他的作品被称为"打开法兰西民族许多心灵奥秘的一把钥匙"，继承了 13 世纪市民文学的现实主义传统，一扫贵族骑士抒情诗的典雅趣味，是市民抒情诗的主要代表，死亡的主题在维庸诗作中占有突出的地位。在《古美人歌》（*Ballade des Dames du Temps jadis*）中，他列举了许多贵妇美女的名字，她们生前有享不尽的荣华富贵，但到头来还不是都化为一堆尸骨。维庸感到世间的不平和人间的不公，让死神这个谁也摆脱不了的阴影来替天行道，从而表达了他渴望人间平等的愿望。——译者注

# 中文版导读

　　细心的读者或许会发现，这是一本写于20世纪60年代的书。那么为什么我们还要读它，抑或我还要在这里饶舌推荐它呢？我下面的文字，将主要围绕这个问题而展开。首先我们或许需要先对作者有所了解。用中国的俗语来说，H. 斯图尔特·休斯（1916—1999）出身于书香门第，其祖父查尔斯·休斯曾担任美国最高法院的法官，并在1916年参选美国总统。其父小查尔斯·休斯在1929年被美国总统赫伯特·胡佛任命为美国司法部的律师总管，为该部的第三号人物。但为时不久，小查尔斯·休斯便继承父业，也成了美国最高法院的法官。由此家庭出身，作者休斯从幼年起便接受了良好的，亦可说贵族化的教育。他的中学教育在私立的寄宿学校度过，而大学则上的是美国数一数二的文理学院——安姆赫斯特大学（Amherst College）。大学毕业之后，休斯毫无悬念地进入哈佛大学，攻读博士学位，其博士论文以《法帝国经济的危机，1810—1812》为题。获取博士学位之后，他又顺理成章地找到了另一所常青藤学校——布朗大学（Brown University）的教职。

但是第二次世界大战的爆发中断了休斯一帆风顺的事业。像许多美国精英家庭出身的孩子一样，休斯有着宏大的抱负和社会责任感。美国尚未参战，他就志愿入伍。而1941年年底珍珠港被袭之后，他优良的教育背景和娴熟的外语能力——优越的中学和大学教育使他熟练掌握了德语和法语——为美国陆军军官赏识，将他从一位炮兵提拔到军事情报部门。后来休斯又成为中央情报局的前身——战略情报局（Office of Strategic Services）的一位军官。休斯的调任毫不奇怪，因为当时的美国政府将许多掌握外语和外国文化的人才都置于这一机构中。中国人比较熟悉的汉学家费正清（John K. Fairbank，1907—1991），亦名列其中。换言之，中央情报局也许有点臭名昭著，但其前身战略情报局则为美国赢得第二次世界大战的胜利，做出了有益的贡献。

饶有趣味的是，休斯虽然为美国军队工作，但他的思想却日益"左"倾。战争结束之后，他转到哈佛任教。但他的"左"倾思想和行为，特别是对冷战的批评态度，让他在麦卡锡时代备受孤立。于是他转去斯坦福大学任教。但几年之后，他的学术成就又让他得到哈佛的青睐，使他得以重回哈佛担任教职。在这一阶段，休斯坚持自己的"左"倾立场，与当时在哈佛校园崭露头角的亨利·基辛格有过几次学术上的争辩，同时他还曾竞选麻省的参议员。但休斯的自由主义思想，让他无法获得冷战初期具有强烈鹰派思维的选民的支持。此后休斯一直在哈佛任教，直到1975年他转而任教于加州大学圣地亚哥分校。1989年他从加州大学退休并在加州终老。

休斯作为史家的生涯，与他自己的多种经历，有着不小的联系。如上所言，他的博士论文似乎是做的经济史，但其实他更关心的是受到经济危机冲击之后的社会动荡，而他关注的时代则是19与20世纪之交替。这两个方面都显示了休斯作为一个史家的史识，但在选主题和选时代之外，史家的另一项重要工作就是提供有说服力的解释。休斯的研究，让他注意到政治外交史的局限，因为即使我们承认政治家和外交家能对政局和国际关系有举足轻重的影响，但他们的决策，不可能完全取决于个人，而是必然受到诸多外部因素的影响。1958年休斯出版了《意识与社会：欧洲社会思想的转向》(*Consciousness and Society：The Reorientation of European Social Thought*)（以下简称《意识与社会》），销量很好，影响甚大，不但被许多大学用作教科书或者教学参考用书，而且还产生了较大的社会影响。[①] 对

---

① 休斯的《意识与社会》一书，由李丰斌译成中文于1981年在台湾出版。

于休斯本人来说，此书的写作也代表了他历史研究兴趣的转向，从原来的政治、外交和经济史转到了思想史和社会史；或更精确地说，休斯想从事的是社会思想史的研究。顺便说一句，休斯在出版《意识与社会》之前的一本书，叫《美国与意大利》，显然是外交史的研究。

休斯的学术转向，综合了多种因素，也是他写作此书的契机。首先是战后西方史学的方向性转折。这一转折以走出兰克学派的藩篱为标志。从时间上而言，对兰克史学的批评在第二次世界大战之前就已经不绝于耳，但从实践层面来说，史家大规模地尝试用新颖的研究手段研究历史，大致上是在战后才成为趋势的。精确而言，这里所说的走出兰克学派的藩篱，主要指的是如何走出兰克弟子们和再传弟子们的传统。如休斯在本书中所言，兰克最常引用的一句格言，他提出历史书写的原则，即"如实地说明历史"，"还原其本真"，历史不应该像大多数后来者那样望文生义。对于兰克在其书写中对过去所发生事情简单的效仿，我并不认为这种想法过于单纯；正如任何一位实践历史学家，他隐约意识到，在铺陈概述过程中，必须通过筛选和个人判断来扮演建构其价值的角色。然而，他与合作者的共同信念有着宗教式的虔诚以及狂热的新教色彩。他们相信，如果他们能参透一个事件或其独具特性的核心观点，就能抓住本质所在，其余的自然就能随之而来了。传统唯心主义的姿态暗示着一种以"最有共鸣、最具变通性、最恭敬的态度,来对待过往各种原创之作"的态度。这意味着完全以"接近直觉"的方式寻求"上帝之手"。兰克提出的方法意味着历史学注重的并不只是分析:强调静观沉思,更确切地说,"来源于一种'无与伦比的甜蜜、妙不可言的生命力',这样看来,理解知识和信仰崇拜如出一辙,所见略同"。这是休斯对兰克本人史观的理解,我觉得是非常正确的。的确,兰克本人并不认为史家只是采用批判过的史料而重构过去,而是需要对历史的过程有一种精神上的理解。

但是在兰克之后,其影响逐渐扩大,但也开始有所变质。休斯写道:"因为在19世纪70年代和80年代,占主导地位的实证主义的心态甚至影响到了历史的书写。当这位学者(狄尔泰——笔者)还活着的时候,兰克的后继者渐渐忘记了其宗教原则以及被他视为历史学家在艺术上实现最高目标的想象力共鸣,他们仅仅把自己局限于对过去事件进行记录核实中:他们也许只是恍惚之间承认实证主义敌人冲进了史学的堡垒。事实上,也正是出于这个原因,狄尔泰发现,有必要再次申明的是,在宝贵的半个世纪间,旧唯心主义的准则将自然科学的进步考虑在内,这是以往的历史学派所忽视的,并且充分了解新知识的实质之后,重申历史研究的独立性。"质言之,兰克史学的真髓,到了他的后继者的论著中,已经渐渐失去了原味——所以兰克史学与兰克学派，不能相提并论。战后史学的转向，主要是针对兰克学派专注研究政治、外交事件和人物的一种"反叛"。而在这同时，休斯在书中也仔细分析了狄尔泰、克罗齐和科林伍德等人对历史学性质和方法的新的探究。简言之，兰克学派仅仅注重历史考证，已经让人觉得兴味索然。上述这些历史思想家希望历史研究能揭橥历史走向的"精神性"和"思想性"，因为后者才能有助于读者理解和沟通过去与现在。

休斯本人学术转向的另一个原因，从我们上面引证的两段评论亦能反映出来，那就是他本人高超的语言能力和精湛的写作水平。如果说他熟练掌握了德语和法语，那么他的英语表达更是高人一头。有必要指出的是，本书译者的翻译，其中文表达比较好地反映了作者原文的精彩，流畅而不失雅致，在当今的学术翻译中比较少见。休斯一流的语言表述，让他得心应手地分析和表述社会思想的变化。应该说，他从外交史、经济史转向社会思想文化史的研究，让他得以充分发挥他的语言能力。而反过来看，他的语言能力也显然促成了他的学术兴趣的转移。

其实语言能力的增长，还是人类文明增长的一个标志。从西方文化的传统来看，语言的表达清晰与否，直接反映了一个人的思维是否缜密和富有逻辑。一般认为是西方历史哲学家的维柯，从语言和文化的角度总结了人类文明的发展、进步和演化。休斯在本书中详细讨论了维柯的贡献，然后写道："我认为，三种方法将会有助于引导我们进入这个全新的领域。第一个方法，同样也是最显而易见的方法是科学技术变革带来的堆积如山的记载。第二个方法是散布在残疾、疾病、感官适应性的迹象构成的心理—生理历史研究的基础。第三个方法是语言，它是有史以来在对所有类型人的调查研究中与感官联系最密切的标志，是身体与心灵之间、生命现象与符号性表达之间一条真切实在的纽带。"他的观察既总结了维柯的历史哲学，同时也指出了在他那个时代，历史学发展的现状和前景。

由是，我们可以讨论休斯学术转向及此书价值的第三个方面，那就是他如何希望历史研究能同时借鉴艺术和科学的方法和手段，提升历史学的水平、方法和功用。如上所述，休斯一直对社会思潮的变化，充满兴趣。而他本人在20世纪60年代还竞选麻省的参议员，希望顶替从参议员成功担任美国总统的约翰·肯尼迪。他的竞选对手为肯尼迪总统的弟弟爱德华·肯尼迪。虽然对手强劲，但休斯的选情开始颇为看好。未料古巴导弹危机爆发，美国人感到了苏联的军事威胁，而休斯作为"左"翼的自由主义者，其竞选号召削减核武器，顿时让选民感到不切实际。因此他的选情由于古巴导弹危机的出现而急转直下，最后仅仅获得百分之二的选票。

这一事件的结果，让休斯特别觉得历史研究必须注意和注重精神、心态的层面。他在本书中讨论了年鉴学派吕西安·费弗尔对心态史的提倡，而其实费弗尔本人在目睹了希特勒在德国崛起和获得政权之后，才感觉到政治层面的变化，往往与大众的情绪、情感和心态的变化，须臾相关。与费弗尔一样，休斯目睹了自己选情的起伏，让他感觉历史研究必须注重精神的层面，由此才能解释历史的变化。在他眼里，历史学和精神分析学基本上是同质的："在历史学阐释中，'为什么'与'怎么样'是相辅相成的。在精神分析的理论与实践中同样如此。这两个学科的首要任务是针对人类的动机做出阐释：历史学家和精神分析学家以同样的方式找出个人和群体行事的原因，在不同的情况下，寻求方法本身就是理解过程的一部分。二者都旨在寻求一个行为及其相关情况的精确、细致的再现：他们假设，研究者的耐心会带来相应的回报，丰富的经验召唤起与其相关的意识，最终将会显现出一个结论的内在逻辑、一种'令人棘手'的困境或者是整个人类的生活。在历史学上，也正如在精神分析学上，理解意味着追求被遮蔽的或是不完全为大多数人所知的：他们对首先能想到的现有解释存有疑惑。"换言之，历史研究和书写不但要在史实的基础上重构过去，更重要的是要通过分析的手段解释过去。这一"过去"包括了人物(个别的和群体的)和事件(单个和多个及其之间的联系)。

在休斯写作此书的时候，正是心理史学颇为兴盛的时代。而处于盛期的心理史学，主要研究下列三个方面：一是，对伟大人物的心理和精神的分析、解析；二是，对社会、群众和公众心理的分析和解读；三是，儿童史和儿童心理的精神分析。在休斯出版《意识与社会》的同一年，他的哈佛同事埃里克·埃里克森（Erik Erikson，1902—1994）出版了《青年路德》(*Young Man Luther*)一书，被誉为采用精神分析的方法研究历史人物的经典著作。埃里克森从路德与其父的紧张关系出发，探讨和说明了路德发动宗教改革的动机，认为与他父亲对他的期望和路德本人之后的"反叛"，颇有关系。具体而言，青年路德经历了一次认同危机，而到了30岁之后，他再次经历了一次认同危机，决意"反叛"天主教会了。休斯《意识与社会》的取径，显然不同。与埃里克森研究个别人物相反，他侧重的是19世纪末年所谓"世纪末"的社会、大众心理的构成及其对之后欧洲历史（诸如两次世界大战的爆发）的重大影响。

总结一下上面所言，主要有两层意思。阅读此书首先让人看到史家著史与时代的关系。如黑格尔所言，一个人无法扯着自己的头发离开地球。休斯此书的写作，反映了他个人的学术发展及其与时代的密切关系。但一本著作的价值，除了记录、反映时代的精神之外，还有启发今人、后人的功用。埃里克森对马丁·路德的研究是如此[①]，休斯在本书中对历史学性质的探究，也同样是如此。休斯通过对历史学精神层面的讨论，提出了科学史学的不足和局限，指出虽然科技能帮助搜集、整理和扩充史料，但史家的工作，还需有另外和更高的一面，那就是如何像艺术家那样，用直觉沟通过去、用语言重塑过去、用思维概括过去。由此，此书在许多方面都预测了历史学在20世纪60年代之后的发展，譬如后现代主义对叙述在历史书写中的作用，史家书写如何借助而又受制于语言的状态，乃至当今史学中如何强调情感、情绪对历史走向的影响，等等。[②] 对于历史学究竟是艺术还是科学的问题，我想每个人都可以有不同的见解，但这些众说纷纭，恰恰反映了这一问题对当今历史系师生来说，有着高度的启发性和重要性。也许，这就是我们现在翻译、阅读此书的意义吧。

王晴佳

---

① 今年恰好是路德发动宗教改革五百周年，英美学界新近出版了几本有关马丁·路德的新著。虽然埃里克森研究路德的著作已经问世近60年了，但这些新著还是提到了它，可见其深远的影响。参见 Scott H. Hendrix, *Martin Luther：Visionary Reformer*（New Haven：Yale University Press，2015）和 Lyndal Roper, *Martin Luther：Renegade and Prophet*（New York：Random House，2017）。

② 参见 Georg Iggers, Q. Edward Wang & Supriya Mukherjee, *A Global History of Modern Historiography*（London：Routledge，2017，revised edition），第八章。对于情感史的兴起和特点，参见王晴佳：《当代史学的"情感转向"：第22届国际历史科学大会和情感史研究》，载《史学理论研究》，第4期，2015年。

# 序 言

　　我在本书中所写的这几篇论文，主要是四年前我对哈佛和拉德克利夫学院的学生做的一些非正式演讲逐渐积累而成的，这些学生特别关注历史写作的本质特征，本书的主题也正是围绕着这些话题而展开。之后，我分别于1961—1962学年度和1962—1963学年度受邀出席美国优等生联谊会，在客座演讲上又将其中的几篇论文得以正式成型。这其中的三篇论文，对于我和同行在社会科学领域的不断探讨过程中发挥着不可估量的作用。在思想火花的碰撞下，我开始着手撰写《历史学家和社会科学家》(*The Historian and the Social Scientist*)，并于1960年10月在《美国历史评论》(*American Historical Review*)上发表本书的第一章，源自哈佛中心认知研究系列讲座中的部分内容。第二章是在1962年美国人类学学会举办的会议上发表的一篇论文，该篇论文随后发表于《当代人类学》(*Current Anthropology*)。第三章起先在1961年年初首次提交给了位于波士顿的贝斯以色列医院精神病学培训小组，次年在戈切尔学院史汀生讲座上予以发表。最后一章已刊载于《美国学者》(*The American Scholar*)。

　　我的这些观点并不是特定的补充，也并非彰显出独创性。它们代表一种观点，更确切地说，我的所思所想为我获得史学理论和实践打下了坚实的基础。

**H. 斯图尔特·休斯**

# 目 录/

# 第一章　历史学家如何思考他所了解的史实

当某一个人平生第一次接触到历史学研究时，这门学科看起来并不是那么令人生畏。从表面上来看，对历史的观照并不像其本身那样轰轰烈烈，不必钩沉来龙去脉，在书海和诸多文献中品味，安闲自在地思忖反刍、追溯过往的岁月。在这个过程中，不可缺少的是坚实的学科基础和漫长的摸索，这些对待学术坚持不懈的品质，德国人将之归结为一个不可言喻的词汇：坐臀（Sitzfleisch）①。这种方式收效甚微，鲜少有人在20岁时成为这方面的天才。然而，如果能假以时日，这确实是一个安全稳妥且行之有效的方法。它并不需要未雨绸缪，也不需要掌握数学专业的词汇和知识。当业余的研究者将了解到的知识群

---

① 钱锺书在《猫》中有言："……头脑不好，没有思想，没有理想；可是大著作有时全不需要好头脑，只需要好屁股，听郑须溪说，德国人就把'坐臀'（Sitzfleisch）作为知识分子的必具条件。"——译者注

分类聚，他们发现自己就成了行家里手。毫无疑问的是，在大学的学科中，历史学并同英国文学成为学术兴趣尚未确定的人群比较青睐的研究方向，亨利·亚当斯（Henry Adams）[1] 甚至在性格自卑的时候，一度将"精神怠惰"选为其研究的方向。

　　然而，所有这些在瞬息万变间换了面貌：在过去，历史的书写比起它固有的叙述结构变得更加松散、琐碎。哲学家的方法和假设仍然受到缜密逻辑分析的牵绊。史学界已经开始着手建构与邻近知识学科之间的紧密联系，譬如经济学与社会学。[2] 简而言之，在这些展开讨论后的一个多世纪，历史学家最终演变为科学家中一个相当特殊的群体。也正因为如此，他们已经开始意识到，艺术与科学并非像他们原本设想的那样相距甚远。正如 E. H. 卡尔（E. H. Carr）写道的，"科学家、社会科学家以及历史学家都参与到了同一学科不同分支的研究中：对人与其所在环境的研究，人对其所在环境影响的研究以及环境对人影响的研究。研究的目的不谋而合：夯实人对其所在环境的理解力和驾驭力"[3]。

　　或者，引用一个科学家针对运思方式的观点，即"科学和艺

---

　　①　亨利·亚当斯，美国历史学家、作家。——译者注

　　②　在我的论文《历史学家和社会科学家》中，我已经开始尝试分析这种新趋势。

　　③　爱德华·霍列特·卡尔：《历史是什么？》，纽约，1961 年，第 111 页。

术这两种学科的研究过程大致相似。在人类语言发展历经的几个世纪中，科学与艺术的表达形式是这样呈现的：通过我们谈论与现实相距甚远的片段，几组条理清晰、合乎逻辑的概念，以及不同艺术风格在这种语境下显现出不同的文字或者几组词汇来表达"[1]。科学家和艺术家在交流他们所理解的内容时，默契地运用到语言中的隐喻。如果一个科学假设是一种修辞手法，那么塑料质地的艺术品或一段音乐亦是如此。与此同时，这些隐喻之间完全没有可比性。"精确的科学理性与非理性的艺术隐喻分别采用截然不同的语法。"[2]前者通过精确的思维结构传递其内涵，后者通过暗示与迂回的方式阐释其价值所在。两种思维过程互为补充，而并非完全一致。与此同时，历史的书写兼有两者的性质。也许不只是在其他学科领域，人类对知识的探索延伸出的这两个方向往往与人类历史的追溯相互交织，难舍难分。

因此，历史学为艺术与科学的互补优势提供了鲜活的证据。有的人可能会认为，这是令历史学家引以为豪的根源所在。而且我猜测，很多历史学同行引以为豪的是，与清晰阐释学科特

---

[1]　维尔纳·海森堡：《物理学与哲学：现代科学革命》，纽约，1958年，第109页。

[2]　杰罗姆·布鲁纳：《论认知：左手随笔》，马萨诸塞州坎布里奇，1962年，第74页。

征相比，他们会将更多的精力投入调解其自身学科的特征上。然而，情况往往事与愿违，他们所追求的半科学化、半艺术化让其他人感到费解，而且当他们向其他领域的研究者阐述学科意义时会遭遇到瓶颈。特别是，依附于历史的社会科学与日俱增，这对研究者来说，更趋向于一种威胁，而并非一个契机。一些历史学家坚持将历史的传统视为文学的一个分支，方法论的严谨度得到新的重视，暗示一些没有得到研究者观照的素材依然有着难以估量的价值。对依附于科学学科的畏惧起因于早年间令人深感遗憾的经历：这可以追溯到一个青年学者的大学时代，他痴迷于文学，觉得自己与实验室格格不入。这也许能够从审美角度反映出，对那些被视为毫无语感的文化野蛮人的科学家反感至极。这也可能掩盖了一种自卑感：毕竟，对于历史学家所写的内容，科学家在理解上毫无障碍，然而相反，事实并非如此。无论如何，很多历史学家似乎都体会到了，如果他们的研究课题太过于科学性，将会丧失其核心精神，也就会让第一次激发他们投入历史研究的学术探索精神荡然无存。

对此，我强烈反对。对于历史应该讲求如科学那样更加严谨的精确性的观点，我从来不为此辩解，也没有在当下提出自己的观点。我抗拒诸如历史学家改变有特色的词汇和表达方式等观点，对于将其研究课题作为文学的一个分支这种想法应悬崖勒马。我坚信，这种进退两难的局面大错特错。历史越科学化，越会在未丧失审美价值的情况下意识到假设和运思过程。的确，在科学论域中，对于历史地位的明确认知也许能提升其传播过程中的学术兴趣。这可能会给历史学探索传统意识增添一个新的维度。

这些新的探索，与融合了科学与艺术的历史学研究相隔甚远，我将会在当下一系列论文中做出阐述。我认为，首先是要回顾历史知识的独特性，哲学的陷阱就潜伏于历史散文矫饰的风流蕴藉中。

相比于其他知识领域的研究者，历史学家当中鲜少有人直面数据或者文献资料。文学家、艺术家将先入为主的诗歌或绘画作为观照对象；天文学家通过望远镜探索宇宙万物；地质学家跋涉于他所致力研究的土壤；物理学家、化学家在实验室里进行着多项试验。数学家和哲学家通过客观的定义从现实中提取抽象的概念，不必佯装拥有经验能力。单单历史学家一边固守着经验事实，一边迫不得已将其研究论题视为第二阶段的产物。甚至在他开始提出依据之前，只能先接受他人的言论。

不论有多少实验法被采纳，至少基于多种档案、文献和一种历史书写的传统史学研究法定会赢得声望。当然，这里包括考古遗迹的确凿证据，针对这些，我将会在稍后详细加以阐释。这也有一个或者两个历史学家通过再现历史片段完成一种实验的著名范例。我们可以想到的是，一位博学的德国人在普鲁士军械库举办一场模拟战斗，以此来检验温泉关（Thermopylae）[①]的权威性叙述。最近，塞缪尔·埃利奥特·莫里森（Samuel Eliot Morison）身体力行，自驾航船从西班牙驶向西印度群岛，证实了哥伦布原始航海日志的准确性。这是打破一般规律的激动人心的例外之举。我认为，能有如此之举的大有人在，历史学家确实应该扩充其想象力，寻求接近历史经验本身的新方法。然而，不论他们多么的尽心竭力，历史学家中鲜少有人能有幸发现证据，就像我引用过的例子那样整齐划一。（伟大的、决定性的战役会采取人海战术，战争的场地也被明确的限定在某一个地点，比如斯巴达在温泉关关口的防御。）大多数时候，历史学家仍然迫使自己接受文字记载中不可控制的证据。

另外，即使我们有大量历史文物，可以随心所欲地进行回顾性实验，但对于历史知识的质疑将始终伴随我们。因为我们只是需要确定某些东西，准确无误地标识或者依时间顺序给予定位，并非是要知道它在历史学术语中的既定意义。历史学知识包括其含义。大多数当代历史学家遵循意大利哲学家和历史

---

[①] 温泉关是一个易守难攻的狭窄通道，一边是大海，另外一边是陡峭的山壁。这个村庄附近有热涌泉，因而得到温泉关（Thermopylae）这个名字。温泉关之战，又称塞莫皮莱战役，是第一次波希战争中的马拉松战役之后第10年，波斯帝国和古希腊的又一次具有历史意义的交锋，也是第二次波希战争中的一次著名战役。在西方战争传统当中，这场战争象征着不朽的英雄主义和牺牲精神。——译者注

学家贝奈戴托·克罗齐（Benedetto Croce）的说法，也就是说，在无意义归责的论辩中，历史散文只是空洞的、毫无意义的年代记。

对于词语"意义"的多重含义，我将不在此赘述。如果这样做，将会加重这场博弈中令人难以接受的语义过载。我做的仅仅是历史学家经常遭到指责的事情。就是说，在这种情况下，"意义"的意义将会逐渐浮出水面。历史学家天生就对精确的定义如履薄冰；他们反感被束缚在狭隘、局促的术语范畴中，并且曾几何时，他们警惕陷入错置具体感的谬误（the fallacy of misplaced concreteness）①中；他们更倾向于以他们惯常的方式书写普通的语言，让读者逐渐意识到这些词是如何在岁月的流转中微妙地改变其原有的意义的。而现在的目的在于，让我们在说"意义"的时候，就能联想到相关的事情。

接下来，为了挖掘意义，则会牵涉到理解力。在历史学家的意识中，认知力和理解力如此接近，以至于完全可以将这两个问题画等号。我猜想，对于其他领域的知识也是如此。只要有一些生活经历，任何一个人在自由联想（free association）时，都可以意

---

① "错置具体感的谬误（the fallacy of misplaced concreteness）"是哲学家怀特海（A. N. Whitehead）提出的一个概念，所谓"错置具体感"，即抽空某一概念的具体背景与历史条件，将舶来的概念横向移植到完全不同或貌合神离的社会土壤上，或拔苗助长，生活在既无现实感亦无历史感的失重状态中。——译者注

识到大脑不可能孤立地辨认出某个对象，它们通常隐藏在相关和相似的密集组织中，在某一时刻映入眼帘或是灵光乍现。既然比起其他学科的知识，历史更接近于日常经验，特别是在关联烦琐复杂的领域，就再自然不过了。历史上约定俗成的"事件"，仅仅是叠加了无穷无尽经历中的一部分，为了更清晰的理解，我们已经将其从历史背景中剥离出来。

所有这些已被一系列当代历史思考分析解释得淋漓尽致。[①]然而，大多数人研究处理"微观史学"时，在阐释和理解一连串相对小的事件上都存在着问题。在这个层面上，我们的所作所为要慎之又慎。在"宏观史学"的层面上，又是另外一回事了。当谈到构建起长远"趋势"时，历史逻辑的规律纷纷失效，研究者在与初衷背离且希望渺茫的海洋上随波逐流。然而，一旦接近人类对其周遭环境更广泛联系的认知，那么，这个层面正是需要被历史书写的。在此，对历史知识的质疑令人百思不得其解：最终它被归结为一个形而上学的问题，甚至被视为一个信仰问题。

我们至少可以找到四个经典的回答。第一个基本的答案，源

---

① 比如德雷：《历史的规律和解释》，牛津，1957 年；帕特里克·加迪纳：《历史解释的性质》，牛津，1952 年；亨利-伊雷内·玛鲁：《历史知识》，巴黎，1954 年；梅叶霍夫编：《我们这个时代的历史哲学》，纽约花园城，1959年；沃尔什：《历史哲学导论》，伦敦，1951 年；默顿·怀特：《历史解释》，载 *Mind*，第 52 期，1943 年，第 212～229 页。

于 19 世纪德国历史书写学派，代表人物乃是利奥波德·冯·兰克(Leopold von Ranke)①。我们将这种回答称为传统唯心主义的姿态。兰克最常引用的一句格言，他提出历史书写的原则，即"如实地说明历史(wie es eigentlich gewesen)"，"还原其本真"，历史不应该像大多数后来者那样望文生义。对于兰克在其书写中对过去所发生事情简单的效仿，我并不认为这种想法过于单纯；正如任何一位实践历史学家，他隐约意识到，在铺陈概述过程中，必须通过筛选和个人判断来扮演建构其价值的角色。然而，他与合作者的共同信念有着宗教式的虔诚以及狂热的新教色彩。他们相信，如果他们能参透一个事件或其独具特性的核心观点，就能抓住本质所在，其余的自然就能随之而来了。传统唯心主义的姿态暗示着一种以"最有共鸣、最具变通性、最恭敬的态度，来对待过往各种原创之作"的态度。这意味着完全以"接近直觉"的方式寻求"上帝之手"。兰克提出的方法意味着历史学注重的并不只是分析：强调静观沉思，更确切地说，"来源于一种'无与伦比的甜蜜、妙不可言的生命力'，这样看来，

---

① 德国 19 世纪的史学家利奥波德·冯·兰克(Leopold von Ranke)主张历史可知，但无法全知，历史著述的作用在于求真，而要求真就须以批判的眼光审查历史著作，即便负有盛名的史著也未必可靠。史著之可信程度取决于是否有可信的原始材料。史家必须掌握第一手资料，尤其要重视原始的档案文献，亲历者的记录、来往信件，目击者的见证等。史料的清理辨析，是史学的基础。——译者注

理解知识和信仰崇拜如出一辙，所见略同"①。

这正是《历史主义》(*Historismus*)的创作者，也是第一个将历史视为一个完全自觉学科研究学派奠基人所说的隐性认识论。如此曲高和寡，从根本上来说是非哲学的运思。它没有将这些术语受制于批判性的审视，而是直接承袭了德国唯心主义和浪漫主义朦胧绮丽的辞藻。也就是说，19世纪实证主义的敌对者和后续者，是与它并行不悖的。典型的实证主义历史学家甚至不会对哲学能力提出要求：所表现出来的是对形而上学的不屑一顾以及对历史知识的质疑视而不见。他的目标仅仅是"将那些在其他分支学科，也就是在自然科学收效颇丰的调查方法应用于对人类历史的研究中"②。正如那些最初的唯心主义历史学家一样，早期实证主义哲学家采纳了其他人的认识论。他们也拥有一个信念，即历史能变成一种科学，而且也正是出于这个原因，这样看来，至少他们的这种想法值得我们尊敬。然而，他们对于科学的构想过于单纯，而且在理解上流于单向、线性；他们内化了自然科学家抱有的绝对信心，也就是将寻求"原因"和"规律"作为自己唯一的使命，对于最新的研究则身体力行。

①　冯劳：《利奥波德·兰克：形成时期》，新泽西州普林斯顿，1950年，第43～44、116页。

②　亨利·托马斯·巴克尔：《英国文明史》，第一卷，新版，伦敦，1891年，第227页。

凑巧的是，正是自然科学家自身推翻了实证主义史学。世纪之交，科学思考的伟大变革使那些有着科学理念的历史学家失去了哲学思想基础，尽管就是这些唤起了他们下一代人曾经发生过什么。

起初对历史知识质疑的两个答案在现在看来不过是好奇心驱使而已。然而，19世纪的每一个主要学派都是20世纪学派的分支，以其全新的面貌示人的唯心主义和实证主义，定会为当代历史学家的哲学思辨提供切入点。

在新唯心主义者的观点中，最具影响力的解读者当属德国的威廉·狄尔泰（Wilhelm Dilthey），以及意大利的贝奈戴托·克罗齐（Benedetto Croce），他们致力于将历史学重建为一个具有独特属性和方法的知识学科，以防实证主义和自然科学带来威胁。新唯心主义者充分意识到19世纪先贤在哲学思辨上的缺陷所在。他们深知，在科学理念时代，并不仅限于重复兰克所说的，即将最终实在理解为"理念"或"精神"。因此，他们着手细化历史话语逻辑，并试着追寻历史学家思维的运转方式，真正整合成一种对往事清晰连贯的叙述。这项工作中的大多数证明了永恒不变的真理：如今，只有为数不多的历史学家会去否认新唯心主义者论点的核心，即对于历史的理解是一个主观的过程，也就是要以非凡的努力唤起无法挽回的、死水一般的生活。①

　　然而，对于历史知识的核心问题，新唯心主义者的答案却不尽如人意。如果历史学家不能以自然科学家的方式找到原因和规律，而此后他又能如此奈何？普通唯心主义者的回应依照德文动词"理解(*verstehen*)"②在主题上有些许变化：历史学家则得出"内在理解力"的结论。但对于一个兼并怀疑主义和经验主义，有着盎格鲁-撒克逊语(古英语)③倾向的思维的人，这听上去好像在回避问题的实质：某个人理解是因为他理解其中的内涵。也许我们对 *verstehen* 概念最好的理解，即是转向少数的法国人，后者在德国历史术语的泥沼中奋力前行，所表现出的理解力却丝毫不减。雷蒙·阿隆(Raymond Aron)解释道："谈到理解力，即是当知识显现出了一个内化于现实的意义，已然可以通过那些留在记忆里和突然意识到的进行思考。"④

　　① 对新理想主义的比较分析，参见我写的《意识与社会》，纽约，1958年，第六章。狄尔泰著作中相关的有助于理解的内容最终出现在英文译本中，《历史中的模式与意义》，H. P. 里克曼编，纽约，1962年。
　　② verstehen 意为根据自己的认知能力和智力程度，经过思考，明白某人说话的意思，弄懂句子的含义，理解某人的行为。——译者注
　　③ 盎格鲁-撒克逊语(Anglo-Saxon)，又称为古英语(Old English)，是指从450年到1150年的英语。古英语和现代英语在读音、拼写、词汇和语法上都很不一样。古英语的语法和德语比较相近，形态变化很复杂。——译者注
　　④ 雷蒙·阿隆：《历史哲学导论：一篇关于历史客观性限度的论文》，乔治·J.欧文译，波士顿，1961年，第47页。阿隆著作的法文版于1938年出版。

如此定义十分真切，但也极为无用。这表明，当每一个历史学家试图再次体验历史事件意义所在之时，他认为，自己所做的应配得上他的职业使命，意味着信念在他艰难的学术追求中赋予其力量，缭绕在他思维中感同身受的想象力，与处于另一个时代中那个人的所思所感相契合。如果一个历史学家没有心怀这种信念，他就连书写的勇气都没有；他会屈从于被压抑的质疑声，正如伏尔泰所说的，历史当真不过是"我们对死人玩的把戏而已"。与此同时，将思维活动定义为 *verstehen* 并没有告诉我们与运思过程有关的任何事情，这让新唯心主义者茫然不知所措。克罗齐自己提不出比"闪电"更恰当的通达历史本质的修辞了。即使是在英国，在克罗齐的弟子 R. G. 科林伍德（R. G. Collingwood）的掌控之下，该学说受到神秘主义的暗示，这和那些在德国被弦外之音笼罩的神秘主义虽有所不同，但却同样招致理性的焦虑。

另外，值得一提的是，如果从某种"反思"或"再体验"的角度审视历史理解力，那么人们不会完全精确地感受到历史学家以何种姿态呈现。他不能唤回曾经已被彻底宣告终结的历史。他不能表达出正在发生的现实进程所展现出的历史事件的完整意义——因为他知晓了历史事件的结局。他体会到，重获历史的本真并非凭借虚假蒙昧的文学手段或技巧；对他来说，声称做出一个愚弄所有人的、经不起推敲的判断是徒劳无功的。因此，历史学家就不可能摆出他惯常的姿态，以他所描述的当代事件作为伪装。他的真实立场存有诸多的不确定。正如普鲁斯特抵达似水年华的追忆终点尘埃落定之时，历史学家正"栖息"在他曾体验过的历史长河"令人目眩的巅峰"之上。

从这个视角来看，相对于很久以前的研究，近期的历史研究困难重重，而不是像人们经常说的那样轻而易举、唾手可得。对于那些想写人们经历过的新近历史事件的历史学家而言，必须知晓这些作为前提条件。同样，当他将思绪回溯到早年时期，他的理解就会被已经发生的所有事情所渲染。他不仅知道结局，还明晰随之而来的事情：无论他多么跃跃欲试地想要扭转自己得天独厚的立场，无论他多么精挑细选出从严格意义上来讲与自己的判断不相关的内容，先知的阴影始终潜伏在其意识的深处。即使当后续的事件从未提及也是如此。当我与小部分学生一起细读了两本最有影响力、取材自第一次世界大战的小说时，这个简单的真理给了我当头一棒的顿悟。其中一本出版于1928年，另一本确切地说，则诞生于 10 年之后。这两本书讲述了对战斗的恐惧，充斥着仇恨和厌恶，从超越国界的、共同意识形态的角度来看待人类的团结。但是第二本书的重点发生了微妙的变化，对战争的厌恶始终存在，但令人厌恶的是，以距离和感觉缓和欧洲再次准备应对的冲突，并且不可能再写出这类不允许发生的事情。

因此，历史学家自己可能都没有意识到的一系列结果具有所有类型和层次的特殊性，不只是行为或事件，而且还有思想和感情。它们构成了现在与过去，也就是历史学家与研究论题间部分的无限关联，然而，在传达如唯心主义者隐喻"重现"的复杂性上表现出无能为力。[①]

然而，更糟糕的是，主观认识论的逻辑最终将我们带入哲学相对主义的流沙。在唯心主义思想的外围，历史真实性的基础的确岌岌可危。如果被称为 verstehen 的理解过程不受制于实证检验，也就是说，如果这种理解力的"内在"性质排除科学论证的惯用方法，如何能使我们了解到这些观点的真实性，甚至以明确的方式与他们沟通？我们如何评估一位历史学家的判断比另一个历史学家的判断更好？最终，我们将一切疑问交给投硬币来回答——事实上，"各种选择之间没多大区别"。

历史唯心主义耗费整整一个世纪才找到这一通道。个人判断的相对性问题没有给兰克增添一丝困扰；他有支撑自己的虔诚信仰。两代之后的新唯心主义者才发觉到，在他们之前存在着显而易见的鸿沟；他们已经失去了质朴年代那份宁静致远的信念，尽管他们中的大多数仍然认为，确实有某种如神一样的

---

① 所有上述提到的，参见亨利-伊雷内·玛鲁：《历史知识》，巴黎，1954年，第43～46页，以及爱德华·霍列特·卡尔：《历史是什么？》，纽约，1961年，第35页。

存在，它们在历史记载中如羚羊挂角无迹可寻。然而他们仍坚持那些令人深信不疑的片段，其余的信念则存在于"精神"只可意会不可言传的默契之中。没有一个20世纪早期的欧洲历史学家愿赌服输并且承认史学判断的总体相对性。美国史学家卡尔·贝克(Carl Becker)最终鼓起勇气，换句话说，怀着对知识的征服欲断言"每个人"都是"他自己的历史学家"。

当然，这样的结论不能否认的是，有一些论断比其他的观点更加炉火纯青。但也清晰地表明在历史阐释更广泛的论域中，比较性评价标准乏善可陈。眼下这个问题依旧如此。在唯心主义的视域下，怀疑主义的局限性毫无疑义：历史思想步履维艰。

对于19世纪新实证主义在当代的其他再阐释，在表达上远不如新唯心主义理念来得清晰。其追随者都是业内的历史学家，相比于对哲学终极问题的研究，他们更愿意谈及技巧和方法。当然，我不能确定"新实证主义"这个词能否被他们所接受，但是现阶段我还找不到更好的词。另外，它具有将最有影响力的当代历史学学派与20世纪哲学与自然科学前沿思想主体结合起来的优势，并自觉将实证主义的标签应用到自身的工作中。

一言以蔽之，新历史实证主义者，以及将我带入深思的当代法国学派(French school)的经济与社会历史学家，他们在默认新唯心主义主观认识论的同时，在更优越的条件下已经恢复了旧实证主义历史学科的研究。他们不再认为科学研究仅仅是一套依据原因和规律的简单程序：自然科学家本身并不认可。我之前提到的科学思维的巨大动荡，在世纪之交后剥夺了原来实证主义者所拥有的正当理性。当自然科学家将自然规律仅仅重新定义为诸多假设，当他们开始将相对论、多元的解释甚至诸多不确定性代替为之前深信不疑的宇宙一致论，颇有科学头脑的历史学家没有追寻其缘由，反而紧随其后。其中的一些人始终沿袭旧的科学语言，好像什么都没有发生。大多数久经世故的人和克罗齐共同得出如下结论：历史永远不会被视为一种科学。只有个别人对能从理性的残骸中挽回些什么拭目以待；正如在奥地利和英国的逻辑实证主义哲学家，少数锐不可当的法国历史学家开始着手探索在流体宇宙中是否仍然存在一些固定点，这是自然科学中的相对论以及历史评价中的相对主义交付给他们的残酷难题。

以中古史学家、经济史学家马克·布洛克（Marc Bloch）为首的历史学家，其思想的养成有赖于在历史方法的广阔地域随心所欲地徜徉。布洛克发觉，通过改写自己研究领域的隐喻，摆脱了晚期唯心主义怀疑的噩梦，实现救赎。狄尔泰和克罗齐所说的几乎是全部思维的内化过程，布洛克将重心转移到何为外在的以及实在的阐释。他并不否认历史评价的主观特征。他只是再一次关注到这些事实，即历史学家实际上对历史可以做到耳闻目睹、触手可及，并且的确比 19 世纪的学术前辈阐述得更为系统化：考古遗迹、语言、民俗文化等类似的东西都可以助他们一臂之力。他认为，这些都为历史学家的思想提供了栖息之地，也可以将此作为新的起点，就像测量员即刻就能读出一块矗立在地上的金属板的精确高度，准确度亦毋庸置疑。

那么不难发现，布洛克将其尽心竭力、精心撰写的著作看成一种手艺（métier）则不足为奇。他视自己为手艺人，不只是以唯心主义教授的传统经典之作的方式在脑海中"重演"过去，而是像技术人员一样精益求精，不论以聚落形态还是以土壤耕作的方式，在历史画卷展开的过程中追本溯源。就其本质来看，这些无可非议，因为他发现这些是有形的在场，它们可以真实地展现在历史学家眼前，而不是仅仅从意义模棱两可的文献中"反思"。他强调，"历史中最具深远意义的也许就是令人毫无疑义的"①。它们所呈现的器物和理念比我们通常所说的事件更接近于历史的基石：思想，技术，社会和经济结构则远远不能像一段叙述遭受掩盖或扭曲。而且布洛克提出，与其说历史学家是一个讲述者，不如说他是一名再现者，历史学家更倾向于得到一些他敢于赋予真实性的东西。

事实上，这些被扭曲的基本证据可以为真理服务。一段传

---

① 马克·布洛克：《历史学家的技艺》，彼得·帕特南译，纽约，1953年，第104页。

说可能略显荒诞，一个约定俗成的说法明显与科学数据相矛盾，但比起大篇幅的铺陈直叙，这种歪曲的性质和方向更多地表明了一个特定社会中的情感假设，也就是社会成员的共同期待和努力。除此之外：

实物（physical objects）远远不是唯一一个容易被直接理解的。一种语言特征，一个法律问题在文本、仪式中得到体现，就像现实中石器时代工匠昔日的钻燧取火、砍树伐林一样，也就是通过我们自己的聪明才智以及孜孜不倦的追求所理解和阐述的实体。在此，无须动用其他任何一个人的思维做出解释……历史学家只能通过他人的眼睛了解实验室进展一说并非确实可信。但可以确定的是，直到实验尘埃落定得出结论，他才知道结果。然而，在优越的条件下，完全可以透过他自己的眼睛看见实验留下的某种残余。[①]

布洛克没有"解决"历史知识的问题，但相较于之前轻省了不少。如果现在的历史学家扪心自问，对于他自己所知晓的范畴，在回答时可能会比上一代人多一点自信心。

历史书写中有一个"真实性"理论，与新实证主义者对历史知识问题的重述并驾齐驱。历史学家一直主张以其技艺代代相

---

① 马克·布洛克：《历史学家的技艺》，彼得·帕特南译，纽约，1953年，第 54 页。

传，以此来超越真理的本质。从广义上来说，传统实证主义者提出一个"符合论"（correspondence theory），也就是他们始终认为，一个历史性的解释如果与"事实"相对应，那么可以被认为是真实的。普遍唯心主义者的反驳包括各种各样的"融贯论"（coherence theory）：这样的解释是在其内在逻辑和一致性的基础上进行判断的。但这些观点都不尽如人意。"符合论"的优势在于其实事求是的判断力：只有堂吉诃德式不切实际的幻想才会全盘否定历史中令人信服、毋庸置疑的资料，或将争论聚焦于历史学家的解释是否名副其实。然而，这种断言只对微观历史效果显著；在宏观普遍的范畴中，几乎不可能说出事实的真相。至于"融贯论"，其缺陷在于所有唯心主义者都以常识为代价，转而强调逻辑与审美。如果判断的标准几乎无一例外是主观的，如果一个观点被接受或否定主要源于其艺术性和哲学品味，那么很难看出历史的书写与人类精神想象力的运用的差异之处。①

这再一次证明，正如布洛克看到的，当他重新定义自己所追求的本质时，消散哲学迷雾即扭转问题的惯常说法。如果一个人从强调什么是真的转向强调什么是假的，更加激动人心的

---

① 所有上述提到的，参见沃尔什：《历史哲学导论》，伦敦，1951 年，第四章。

探求就此揭开帷幕。根据这一推理过程，要求历史学家只写出什么是真实的，的确过于矫情；更为谨慎的是，如此要求让创造性的想象力背负上难以忍受的枷锁。更确切地说，应该要求历史学家对于他所知道的有悖于事实的事情缄默不语。（如果这看起来是一条适度的禁令，他只是将其视为浩荡文学长河中一小段针锋相对、盲目推崇的历史，由此意识到它往往遭到蔑视。）由于过去的事情会引发更大的问题，历史学家几乎不能确定什么是真实的。但他对什么是完全错误抱有相当明确的态度。这里有一些为迸发的想象力设限的界石或者界标，它们往往是布洛克所写的直接证据。

这个边界或界限理论是完全符合当代自然科学和分析哲学的常规的。在这个意义上，它恰如其分地被称为新实证主义者。毫无疑问，正如在物理学或者语言符号学中，比起建立起某个东西，反证其虚假性更加轻而易举。所以，从历史话语的逻辑之中，新实证主义者最终可以验证两个相互矛盾的解释显然是站不住脚的，要得到一个坚实的立足点，一条通往理论的重建之路才就此畅通无阻。一旦历史学家否定了一些不可能，一旦他给自由散漫的创作冲动建立起某种限制，他就可以问心无愧、勇往直前地踏上探索与发现知识的旅程。在 20 世纪，自然科学家弃置了陈旧的假设，开辟出对全新未知领域的思考，由此取得日新月异的进步。如今，同样的进程也开始在历史学家这里得到显现。

因此，一方面防止理解力过于简单，另一方面抵制怀疑主义与缺乏自信的侵蚀，比起普遍意义上历史学家得心应手的工作，当代历史学家正在努力寻找建立一个更具包容性和逻辑一致性的阐释结构。在如今的文化氛围背景下，在指导优秀学生的过程中，最振奋人心的一个事情是接近于伟大发现的共鸣。作为他们的老师，和他们在一起的时候能觉察到，我们的学生在某种程度上是自由的，置身于历史学界对他们来说，有一种新鲜感。25年前，当我自己开始研究生阶段课程学习的时候，对未来前景的展望似乎截然不同：历史文献被精益求精的筛选，并且其阐释的标准也已建立，主要工作都已大功告成，面对此，我们中的大多数人都陷入郁郁寡欢的情绪中。我们将自己视为微不足道、拙劣的追随者，在一代代伟大历史学家阴影的笼罩下，我们的研究工作望尘莫及。

那么，新唯心主义者与布洛克的理论作为双重互补的经验汇聚于此，我们在绝处逢生之时得到了一丝喘息。我们看到，如果我们稍微转变一下历史棱镜的传统视角，映入眼帘的将会是一个充满无限可能性的新世界。克罗齐教会我们将历史书写视为一种创新性思想的练习；法国学派阐释了我们如何将这种思想根植于如风往事之中那些可感知的证据。同时，让我们摆脱了束缚，从而投身到一种类型的研究中，即将历史的目标缩小为对文献资料的系统化应用。这些在语言中表现出来更有助于其多样性，历史学家的主要任务是绝不能止步于井然有序的"历史文献"。事实上，这才是万里之行的第一步。对于那些牵动人心问题的阐释几乎都将在未来拭目以待。而那些问题，我们当中思虑稍微不那么周全的、不经世事的人便几乎注意不到。

我认为，如今的历史研究很有可能已经进入了一个剧烈变化的时期，诸如在 20 世纪的头 30 年以物理学为特征的学科便是如此。这种进展是在很多方面同时进行的。社会历史学家将会对一连串阶级与地位的思考纳入其观点中，以及从卡尔·马克思和马克斯·韦伯那里沿袭下来的经济活动与文化"上层建筑"的关系也一并收入其中。在类似经济与政治历史的领域中，富有想象力的学者正在尝试应用量化的方法与概率的计算。由于人类学、生物学、人文学科与心理学的跨学科交汇与融合，历史学家最终开始着眼于扩展对人类动机与身心变化的定义。

我在这里所说的最后几行，将在接下来的两篇论文中详细解释。而且，在最后两篇论文中，我会将注意力转移到对传统史学核心线索的叙事本身以及我们自己所处时代历史给予这两个维度全新的阐释。

# 第二章　历史学、人文学科与人类学的变迁

　　当历史学家和"人文学者"没有注意到他们正在做什么的时候，他们向来偏爱将其研究课题的原始资料视为恒定不变的。他们把人看作一个既定的真实存在（a given），并且将自己学科中的某些东西，比如文学或艺术，宗教或政治，润色修饰并且强加于坚实的结构之上，视具体情形而定。当然，他们知道怎样才能更好。他们中的大多数已经了解到某种程度上人类本能的可塑性，而且开始质疑关于"人性"的轻率结论，然而，他们要么获得这些支离破碎的经验，要么对逐渐淡忘的经历满腹疑团。他们不会始终坚持"人是一种生物"的观点，其局限性可能是由生理状况以及脑容量的大小所决定，但是在力所能及的范畴之内，他们可以随机应变，提供恰当的历史与人文学科课题。

　　大量当代人类文化研究存在的矛盾与悖论即是如此。这就好像研究者偏爱对两个领域做泾渭分明的理解，也就是一方面

从生理学角度，另一方面从文化角度。我怀疑，人文学者对物质世界的反感助长了这种分裂的形成。与此同时，我敢说，某种空想弗洛伊德主义已经潜移默化地强化了传统信念，即一成不变的直觉，尤其是性本能，文艺草根早已对此了如指掌。也许，事实证明未开化的人性和其"精神"创造间互相沟通的观念难以把控；学者只要想到一个人在索然无味阐述一种文化"上层建筑"的同时，会对其自身的身体与情感构成渐渐产生副作用，他就会陷入迷惑与不解。大多数情况下，人文学者更倾向于坚持作为动物的人的观点，而且将诸多可变因素局限于其作品的"更高级"的存在。

此外，这里很大程度上是未知的领域，在艺术学与生物学之间，物理学与文化人类学之间所关心的交集。历史学家与人文学者对其认知已达几百年之久；但他们中的大多数并不愿意对此深入研究。我认为，在这些时候，对于人类学家来说，文化与生理学相互作用的观点已经成为其第二天性，他们可以为我们之中其他人的研究提供参考依据。

过了很多年，历史学家与文化人类学家之间进行的这次卓有成效的对话依旧方兴未艾。[①] 已故的美国人类学资深研究者

①　以下所说的大多数最早出自 1956—1957 学年在加州斯坦福行为学高级研究中心举办的非正式"生物学研讨会"。

阿尔弗雷德·路易斯·克鲁伯（Alfred L. Kroeber），他在年老的时候，将其兴趣转向了历史学，对诸如像斯宾格勒《西方的没落》（*Decline of the West*）的元历史著作的思考过程进行了一次检验。几乎就在同时，克鲁伯在英国的年轻崇拜者菲利普·巴格比（Philip Bagby）极力主张历史同行可以借鉴人类学中人类文化的基本概念。① 到 20 世纪 50 年代末期，一大批历史学家最终开始认同这个观点，即对此专业研究最广泛且完整的定义正是"回顾文化人类学"。我认为，其重要性在于，即使我自己在那个时候没有意识到巴格比所做的意义何在，我已经得出了有关这两个学科之间兼容性的相似结论，并且认为，历史学家与人类学家对其研究资料都抱有一种同样的自由态度；他们"心甘情愿沉浸于暧昧不明与本能行为的王国里"；他们都竭尽全力获得基本范式以及思想与情感的符号表达方式，以此来定义一个完整的社会。除了这些，我认为，基于人类学研究的系统化田野调查为"那些将社会与心理相结合的历史学家提供了尽可能达到最佳的培养基地"②。

让我们赋予这一刻以重要意义，到目前为止，这种观点已

---

① 阿尔弗雷德·路易斯·克鲁伯：《风尚与文明》，纽约伊萨卡，1957年；菲利普·巴格比：《文化与历史》，伦敦，1958 年。历史学界在巴格比英年早逝那年遭受了严重损失。

② H. 斯图尔特·休斯：《历史学家和社会科学家》，载《美国历史评论》，总第 66 期，1960 年，第 34、42～43 页。

经广泛应用于历史学界。对于历史学家或者人文学者来说，接受"将其生活方式"带入一种完整的文化中去并非难事，在这个过程中，无须在思想上煞费苦心的牵强附会。相反，他的内心也许会伴随着这种类型的研究获得的新鲜和兴奋而感到欣慰。随着对身体与心理本能变化调查的深入，则又是另外一回事了。这里说的是历史学的反叛精神。这样在历史时期之内变化的观点对他来说是陌生的。他已经将其放逐到了几万年前，放逐到了关注身体的人类学家的国度以及他所关注的史前时代。

然而，历史学家或人文学者对一定历史时期之内身体与心理本能的变化了若指掌。他不断地提到这些，但在不经意间或是在某些事件的背景下，在其脑海中愈加明晰。就我个人而言，谈及这些事情算不上伟大的发现。问题关乎于将已有的新型历史或者人文研究的多种材料和分散数据整合起来，但还没有全然意识到它们的本质及其关联性。

专业研究的一种方法即换一种角度来看待 19 世纪实证主义历史学家。进一步考虑，我认为，像我这样的评论家对整个学派来说往往是不公平的。我们会聚焦于自身的局限性，具体来说，就是它的不成熟以及过分自信，而并非关注其更广泛的目标。我们谴责其唯物主义倾向的解释，并不能因为它是史无前例值得研究的知识领域就得到信任。以伊波利特·丹纳（Hippolyte Taine）所写的一段话为例：

当我们阅读希腊悲剧时，首先需要对希腊人展开想象。我们勾勒出在灿烂天空下的运动场或公共广场上，半裸的人们面对面，身临最为宏伟壮丽的风景，备显其身体的灵活与强健，他们谈话、议论纷纷、投票、商量着爱国阴谋，不过有一部分人却慵懒又温和，他们的家具仅仅是三个古希腊瓮，两条凤尾鱼被保存在油罐中便于食用，奴隶在旁静候，方便为他们奉上美味，以便留给他们更多时光用于陶冶情操与强健体魄，他们拥有无与伦比的城邦、井然有序的列队、运筹帷幄的想法与文质彬彬的人们……一种语言，一部法律，一个信条，从来都只是抽象之物。只有在活的生命中，我们才能发现最饱满的东西，那个有形、有血有肉的人物，那个吃饭、走路、战斗、劳动的人。[1]

也许这些迸发的词语并不被古典学术的研究所支持。但对于具体情节的描述却妙不可言，他们自己身体的感觉，以及他们与自然界之间的关系传递给人们的感受，与他们给予当下大多数人的感受迥然不同。

作为一个法国人，丹纳属于主流历史学家中的一位，这些历史学家的所作所为超过了其他任何一个国家的历史学家，他

---

[1] 伊波利特·丹纳：《英国文学史》，第一卷，亨利·梵劳恩译，爱丁堡，1871年，第3页。

们将历史学中对人的研究置于丰富环境背景下。迄今为止，他们中的先驱式的人物不局限于法国人，还有意大利人詹巴蒂斯塔·维柯（Giambattista Vico），一位生活在18世纪初了不起的那不勒斯人，揭示了几乎一切事情的起源，在随后的历史研究中被一一证实其意义所在。维柯无法被归类。一个人生不逢时，现在听起来，他时而表现出中世纪的风范，时而显露出超现代化的姿态，立刻被人们视为一名不合时宜的学者，同时也被称为19世纪和20世纪社会思想的先知，正如他的作品在令人难以置信的内容与公然挑战既定知识实践之间震荡，在特有的天真无邪与飞跃所有束缚的奔放思想之间波动，在浮夸的荒唐与清新明快、激动人心的景象之间徘徊。由于维柯在其所在多个领域都是第一个吃螃蟹的人，因此他被冠以民族学家、考古学家、语言学家、人类学家等诸多称呼。在两个半世纪之后，作为历史学家的我们仍然不能吸收其例证中的所有养分。

我们入门的第一堂课就是要关注那些生活在过往时代人们所思所想的确实可信的有力证据，在这个过程中，激起了儒勒·米什莱（Jules Michelet）等19世纪初期历史学家狂热的想象力，他们"发现"了被忽视长达一百年之久的维柯。维柯指导我们对经历往昔岁月仍然鲜活的或显而易见的东西予以重视，而反对单纯地依赖"历史文献"。用他自己独特的话来说：

经过若干个漫长的世纪，民众替我们保存下来的村俗传说有真有伪，要分辨出来，其中真实的必然具有一种群众信仰的基础。

古代文物残留下的零星片段在此前对科学都毫无一用，因为它们已弄得污秽破烂、七零八落，可是如果加以清洗、拼凑和复原，它们就会在科学里放出奇光异彩。①

如今，我们中的大多数都对这些认知了然于心，尽管我们往往不能依照这些采取行动。我们对他们的理解主要是通过以马克·布洛克和吕西安·费弗尔（Lucien Febvre）为代表的当代法国学派的社会历史学家来了解的，他们的目的旨在以维柯和米什莱遗留下来的传统去实现一个"更广泛的人类历史"。在两次世界大战期间，布洛克和费弗尔试图对地理学与经济学、社会学与心理学的数据进行一种有意义的整合，并且从其中推断出以前社会中多元化、令人信服的解释。简而言之，他们试图研究自身所在文化的历史，尽管一位人类学家要着手探究一种与他毫不相关的文化的理解。费弗尔认为，着手开始这项工作的"第一步就是要逐一分类登记，然后整合在一起……处于那个时代的人们可以随心所欲地发挥其精神禀赋；通过学术上非凡的努力，以及想象力，在一代人中重建整个身体、精神及道德

---

① 詹巴蒂斯塔·维柯：《维柯的新科学》，托马斯·戈达德·波根和麦克斯·哈罗德·菲什译，第三版（1744年），美国纽约锚图书出版社，平装本，1961年，第64页。

范畴，改变其原有的面貌"①。我们可能会说，这无异于海市蜃楼，在终极意义上高不可攀，然而，比起布洛克专注的封建社会研究，现如今已然成为经典，实现这一目标对于历史学家而言已触手可及。

维柯自己也曾质疑，以当下人的智慧是否可以真正理解原始人的情感。他写道："以至于近代人再也想象不出像具有同情心的自然那样巨大的、虚幻的形象了。我们也同样没有能力去体会出那些原始人的巨大想象力了，原始人心里还丝毫没有抽象、洗练或精神化的痕迹，因为他们的心智还完全沉浸在感觉里，受情欲折磨着，埋葬在躯体里。"②法国学派隐约接受了维柯的观点，提出了令他们百思不得其解的问题：对于这些身体与生理构造与历史学家自身无任何相同之处，有着天壤之别的人们，历史学家如何真正理解他们的思想。维柯曾说，这项工作是"我们力所不能及的"，然而即使这样，他仍旧对此试探了一番。历史学家在情感上从不愿接受一个无法做出解释的问题。在他们的学术生涯即将结束之际，布洛克和费弗尔不约而同地将其关注的目光转向历史时间范围内身体适应与本能变化的种

---

① 费弗尔：《为历史学而战斗》，巴黎，1953 年，第 218 页。
② 詹巴蒂斯塔·维柯：《维柯的新科学》，托马斯·戈达德·波根和麦克斯·哈罗德·菲什译，第三版(1744 年)，美国纽约锚图书出版社，平装本，1961 年，第 76 页。

种有力证明。紧随其后的是他们的学生，前赴后继，致力于将这个问题在具体细节上系统化。我们关注的是，人类学家、历史学家以及人文学者一致认为：这是历史知识前沿研究中最令人向往，同时也是最令人困惑的课题之一。因为在这里，数据资料始终是间接的：人们将他们身体的存在视为理所应当的，因此不会费心劳神地对其发表评论。为了了解一些人类在过去的岁月里是如何所见所闻、所知所感的，我们历史学家必须经常对因果论以及微不足道的迹象提高警惕，这些都会突如其来地开启对一个未知领域的理解。

我认为，三种方法将会有助于引导我们进入这个全新的领域。第一种方法，同样也是最显而易见的方法是科学技术变革带来的堆积如山的记载。第二种方法是散布在残疾、疾病、感官适应性的迹象构成的心理—生理历史研究的基础。第三种方法是语言，它是有史以来在对所有类型人的调查研究中与感官联系最密切的标志，是身体与心灵之间、生命现象与符号性表达之间一条真切实在的纽带。

在此，我们可以再次从维柯入手，以伟大的那不勒斯人所说的一句最具影响力的名言作为开场白：

在距我们如此遥远的、最早的古代文物沉浸在一片漆黑长夜之中，照耀着真理永不褪色的光辉，那就是：民权社会的世界确实是由人类创造出来的，所以它的原则必然可以从我们自己的人类心灵的各种变化中找到。[①]

也就是说，人们有理解人类文化历史的能力，因为正是他们亲自缔造了这段历史。然而只有上帝，作为永恒的造物主可以真正理解他所创造的自然世界，只有人类才能认识到他们所建立的民权社会。

在过去的两个半世纪里，历史学家时不时会忘记维柯的学说。每一代人不得不重新学习原本一脉相承的这部分知识，在这个过程中往往伴随着痛苦。而且这些被忘却的已经不再简单明了，因为作为文人的历史学家对科学技术及其方式轻视并怀有疑虑。这来自对过往历史事件与历史专业本身产生的根本性误解。

在其他语言范畴中，动词"创造（to make）"与"做出（to do）"在意思上相近，或者甚至可以说是完全相同的。仅仅"事实"这个词，作为传统史学的基础，与其本身的意义相背离。然而对大部分历史学家而言，"做出了什么"与"创造出什么"的概念分属于两个不同的精神世界。其中一个有某种个人自由支配的意思。另一个属于循规蹈矩、机械呆板、毫无个性的无生命物质世界。当然，这么说有一些夸夸其谈；但我认为，不可否认的是，一种将

---

① 詹巴蒂斯塔·维柯：《维柯的新科学》，托马斯·戈达德·波根和麦克斯·哈罗德·菲什译，第三版（1744 年），美国纽约锚图书出版社，平装本，1961 年，第 52～53 页。

"人（human）"视为基本问题的专业，几乎可以在科学技术应用过程中凭直觉发现一些"非人（inhuman）"的东西。令人奇怪的是，恰恰正是作家比从事其他专业研究的人更有能力重建维柯对当代世界思潮的影响力，像贝奈戴托·克罗齐就认为，拒绝技术解释无异于史学精神的堡垒向实证主义袭击者敞开大门。

克罗齐以及在他之前或之后的整个唯心主义学派的历史学家否认"技术"的精神本质。他们忽视了在某个时间段里每一个新的设备都有其创造者，这项发明即属于同一世界里人们意志与精神自由创造的权威证明，似乎它们只值得历史学家的关注。他们忽视了一个事实，机械革新作为人类自我实现历史中的一个事件，不论多么谦逊卑微，同样值得历史学家的同情关注和内在参与，就像将新近诞生的宗教信仰公之于众或者将新颁布的宪法昭告天下一样。

毋庸置疑的是，一个更严重的问题源于这样的事实，科学技术的发明很大程度上是匿名的，在大多数历史阶段，科学技术发明创新者都是一些名不见经传的人或者以集体的方式存在，他们没能像政治家、艺术家或宗教领袖那样随心所欲地参与历史的"重新体验"。然而，可以确定的是，至少从米什莱以来的历史学家都了解到如何书写集体和匿名发起者的强烈不安。他们知道，从某种意义而言，历史只是在其行为举止和理解感知最终被简化为一个人的意识活动时，才算得上个人的历史。但明确地说，这正是令人迷惑不解的。不管是过去的演员或是现在的作家，其个人意识的活动始终令历史学家着迷，而且别无他物。它让历史学家忘却了人类缔造了他们的历史，顾名思义就像工人用他们的双手建造房屋那样，日益累积的构建不可避免地被视为一个无名的过程，而不是某一个人的功勋。

现在，就生理和本能的适应性而言，这一切有何关联性呢？在更早时期，至少追溯到19世纪，与现在相比，西方人的健身设备与其在技术上所追求的，这两者之间相差甚远。以我们的标准来看，一些人漠视体育锻炼，而绝大多数人则过度热衷。农民或者工人练就强健的肌肉，他们会躬耕劳作；相比我们来说，鞋匠的工作时限更长，在狭小之地终日久坐，导致腿部肌肉萎缩且变得细长，视力不断衰退。战士所表现出来的耐力令人称奇：18世纪关于急行军的记载毋庸置疑。然而，他们之中很多人的身体都是畸形的，如果是今天的医生为其检查身体，那么必将这些人拒之门外，不会让他们参军。在近代早期，人的身体本身就揭示了他们所从事的职业。比起当代的人们，他们看起来不太会给人留下深刻的印象，但作为专业的人力机器，他们也许更有效率。依然是法国学派历史学家，根据他的推测，身体的极度变形在当时会认为是理所当然的，但是在今天会震撼到我们的心灵，体力的高强度运用、不均衡消耗是导致他们身体变形的直接原因。①

当我还是孩子的时候，我看见博物馆里陈列的盔甲如此袖珍，困惑便油然而生。可以确定的是，当时的我认为，生活在中世纪的人至少和我生活中熟悉的那些人一般高大，他们像勇猛的巨人，隐约闪现在我的脑海里。对于那些英雄，我曾经对他们做过的丰功伟绩如数家珍，他们怎么可能挤在如此袖珍的铁衣当中？正如博物馆里陈列的那些兵器，我们家亲戚里的哥哥和叔叔们均耗尽全力才勉强举起它，如果他们真的这么小，怎么能如此敏捷地挥舞着沉重的刀剑和战斧？当然这样看来，矛盾是显而易见的。骑士与农民都有着微型的身材，但是他们在体力上承受着我们今天难以想象的程度。我们的朋友和同龄人当中又有谁能在烈日炎炎的夏日里把这套沉重的铠甲背负在身上？

在追溯身材矮小畸形与其无穷力量的悖论当中，我已经在不知不觉中跳转到第二种心理—生理的理解方法，即疾病的表现、感官的运用以及腺体的功能。人类这种动物如何在历史时期的范畴中与其相适应？我将从欧洲中世纪晚期、当代早期找出大量的实例，这个时期的优势在于既有保存完好的历史记载，又在时间上距离我们并不遥远，所以我们发现，与遥不可及的

①　查尔斯·莫拉泽：《资产阶级法国》，巴黎，1946 年，第 36～37 页。

时代或颇具异域情调的社会相比，那些与我们所处时代相距甚远的经验更能强有力地震撼到我们。我们自己所拥有的文化传统，在空间上的差异是微不足道的，在时间上的跨度也不超过五百年。我们是不是应该寻找一个更加接近，同时富有戏剧性的比较，我们可以指出，以当下的以色列来说，在一代人中间，几个儿子的体格与心理定势几乎到了与他们的父亲难以辨认的地步。

我很愿意以专门观察人类身陷重压之下的笼统反应的精神病学家为切入点。他提及腺体的"调动"，代表着生物的恐惧或愤怒反应：

人类对其所在环境掌控与驾驭的提升，这些预期的调动越来越少，紧随其后的是剧烈运动。随着高效食品生产，对掠夺者的征服，交通、通信工具的机械化以及重体力作业等的发展……对密集体能运动的需要大幅度削减。而且，甚至这种密集运动的可能性也被现代化生活的诸多情形严格限制，比如，在高度工业化与专业化设置下，个人的紧张无法通过某种行动轻易得到释放。

纯粹的效应看似是这样的，当代人的肌体往往被尽可能地调动，却以得不到应有的锻炼而告终。万事俱备，只欠东风。

如果有区别的话，会是何种差异呢？应激反应不如以前有效，在某种情况下适得其反，我只想关注其中的可能性。为了说明这种变化是如何产生的，让我来简单扼要的以一个临床上的重要问题为例，由此引起大家的注意：动脉粥样硬化。在当代背景下，当人受到心理应激时，肾上腺激素的分泌可能会调动赘余的脂肪，但随后却弃而不用。也许在活动的过程中一些脂肪得到了燃烧，沉积在动脉内膜层，这种情况至少在有这种倾向的个体中出现。

按照这种观点，在（a）频繁和（或）长期压力下，以及（b）处于抑制肌肉训练的某种情况或生活方式中，患动脉粥样硬化病状的概率会增加。这种情况有利于促成脂肪调动率高和脂肪利用率低。这种说法有助于整合与动脉粥样硬化性心脏病的发病率相关的两种类型的观察：慢性心理应激和久坐不动的生活方式似乎是发病诱因。在科研和临床的讨论中，这两个因素往往相互对立。也许，这些可以被视为整个人类进化中一枚硬币的两个面。①

事实强有力的证明，心脏病患病率的增加已经是现代人生活导致身体状况变化的一个直接后果。也许对于其他疾病，同理可证。那么对于癌症呢？从早期对癌症各种模糊的医学解释中很难做出判断，我们发现，在近代历史时期内癌症的患病率

---

① 戴维·A. 汉伯格：《近期进化对人类应激生物学改变的相关性》，美国国家精神卫生研究所油印出版，1959年，第11～12页。

似乎大幅度提升，尽管病因对我们来说还是未知的。同样，肺结核也提供了一个生动的例子：这是一种泛滥于 19 世纪的疾病，它所带来的劫难传递了工业城市中空前加剧的生活拥挤与工作环境之间显而易见的关系，在那里，满目疮痍的卫生状况已不可救药，正如它在乡村爆发，在旷野有逃避患上疾病与恢复健康的可能性。那 3 个世纪前梅毒造成的巨大冲击呢？对我们来说，这需要强大的想象力去虚构男人和女人的恐慌感，他们发现，伦理学家对突如其来的纵欲行为与莫名其妙的淫荡之举对身体所造成的致命伤害发出由来已久的严厉谴责。

　　这不仅仅是因为不同疾病的相对权重，即每个时代死亡的主要原因，在从一个世纪到另一个世纪的流转中，逐渐改变了对"正常"身体机能的定义。与此同时，人的情感态度也发生了改变，正如他们的恐惧感已经根植于一种苦难的根源，现在又转到另一种灾难。"瘟疫"已经在西方社会销声匿迹：天才小说家阿尔贝·加缪（Albert Camus）暗示了在我们所生活的时代，它的再现无异于粗暴野蛮死灰复燃的隐喻。如今，我们当中的大多数人习惯饮食丰富的生活，事实上，很多人常常营养过剩。我们几乎无法体会陷入持续饥饿的恐慌中意味着什么。"这种经历饥饿而后遭受的死亡困扰……是现代社会曙光到来之际人们基本态度中首要的显著特征。"①持续的营养不良，以谷物为生的饮食失衡，患有各种营养不良的疾病……在当下对"欠发达"社会的研究中，我们非常明确地意识到了这些情况。我们大多数没能做到的就是将这些知识应用到对远古祖先生命与情感构成的理解中。

对于以前在他们脑海中挥之不去的恐怖，我们必须对鬼神、精灵以及所有具有超自然魔力的诡异神灵多一些敬畏之心，除此之外，我们习惯于投保以防更现实的危险。难怪早期近代欧洲人比我们更富有"激情"。我的意思是这很严重。他们的"体液"骤变；他们说起话来口若悬河；他们对爱意与愤恨有着迅速的反应。正如维柯所说的原始人，他们始终"沉浸在感官中，受到激情的冲击并将其掩埋在体内"。或者，说得更详细一些，本能的挫折和升华不像现在那么普遍。生活在 16 世纪的人们，其所闻与所感比他们能看到的更为轻而易举；我们所能感觉到的已经成为他们至关重要的感觉，其重要性位于嗅觉与触觉之后，列居第三位，视觉则是所有的排序、分类以及合理性解释的关键，也是科学的核心所在。② 阅读仍处于起步阶段：我深信，

① 罗伯特·曼德罗：《近代法国概论：1500—1640 年的历史心理学》，法国，1961 年，第 35 页。

② 罗伯特·曼德罗：《近代法国概论：1500—1640 年的历史心理学》，法国，1961 年，第 69～70 页。

早期的人文主义者的阅读速度略慢于我们，也许是用手指着每个字，并且嗫嚅着嘴唇逐字读出来，无视所有矫正阅读的原则，如果放在当下，他们将被归为弱智儿童的行列。语言还是偏重于口头应用，而并非依赖于书写或印刷出来的文字：在教堂、高校、剧院，人们听到某个消息然后铭记于心。相对于我们，他们的记忆力的确更胜一筹，可以明确的是，他们见识了很多布道以及莎士比亚戏剧中深奥晦涩的华丽辞藻，能够敏锐地辨别一个复杂的论点或者同步所包含的内容片段。

接下来谈到第三种方法——语言。如果说口头应该比书面表达更具优势，那么对于人类的本能与情感又有何意义呢？从某一方面来说，这意味着在欧洲历史绝大部分时期，语言已经成为一个变化多端、飘忽不定的交流方法，它是经由口和耳，甚至是亲手塑造的具有创造力的东西，而并非那些确凿无疑地印在语法与字典中某些永恒不变的字词。直到最近，使用两种或者三种语言，甚至是四种语言已经成为规范，而非例外。在16世纪的法国南部，受过教育的人能讲四种拉丁语系的主要语言，而且这样的人屡见不鲜：当然，尽管拉丁语的魅力在逐渐减弱；巴黎的法语被视为国家官方的语言；旧式的书面语奥克语（中世纪法国南部的一种方言，现代的普罗旺斯语）在岁月的推移之间被人遗忘；还有当地人的特色方言也是如此。每一种语言都是有活力的：每一种语言都努力取代其竞争对手，它们的词汇在一片令人迷惑混沌的过渡表达中相互重叠、相互讹用。

倘若曾有过生理、心理挣扎，相互竞争的语言之间展开的秘密斗争很难以一连串事件清晰连贯的发展作为考证或参考文献。我们大概可以追溯到一种语言"战胜"另一种语言的时刻。然而，征服的阶段界定得并不十分清晰。长久以来，人们普遍认为，在13世纪，惨绝人寰的阿尔比十字军之后，法国北部的语言轻而易举地击溃了法国南部地区米迪的语言；随后的研究揭示这个过程花费了整整三百年。①在中世纪乔叟的诗中，我们所拥有的稀有珍贵的证据证实了处于过渡期、杂糅混合的语言：我们能从字面上准确地看见和听到被嫁接到日耳曼词干的法语词汇，像这样仍然可以辨认。在这种情形之下，普通民众、年事已高的居民们所使用的语言占据了主导地位；而在其他时候，正如在罗马帝国西部，战无不胜的统治者的言论逐渐赢得了优势。但这个过程花费了多久，取得胜利的决定性因素、物质或情感是什么，现在要回答这些问题尚缺乏大量翔实可信的证据。在此，语言学家与考古学家齐心协力，决定开始着手扫清尘封

---

① 罗伯特·曼德罗：《近代法国概论：1500—1640 年的历史心理学》，法国，1961 年，第 87～88 页；费弗尔：《为历史学而战斗》，巴黎，1953 年，第 169～181 页。

在整个学科中的疑惑与彼此的误解。[1]

在匈牙利和那不勒斯那样兵荒马乱的地带以及在穷乡僻壤的边陲，这些地方所使用的令人费解的混合语言在王室记载中得以发现。它们暗示着一种情况，对一种或另一种言语形式的情感依恋是不明确的，以语言为中介获得的自我认同微乎其微，或者可以说根本不存在。我们习惯于这样一种身份认同，在语言上形成的关系十分牢固，以至于对欧洲人过着有别于我们的另外一种生活感到奇怪。但如果我们开始将语言视为某种感觉，而非某种思维能力，某种无须系统化学习，也无须在语法方面给予某种规范，更加确切地说，是被理所当然的看作一种品尝或者触碰的感觉，如果这么说的话，对于我们理解早先几个世纪们所使用的语言时就变得豁然明朗。词汇存在于每一天触手可及的环境中：在脑海中乍现的表达是否恰如其分取决于某个人是与一位牧师或王室官员展开正式交谈，还是和一个商人或农民随便聊天。语言从一种谈话改变为另一种本是无关紧要的；如今随着双语的普及化，个体在思考时可能完全没有意识到，在他能随心所欲使用的各种不同的语言中，他真正说出的是哪一种。这取决于学习的人是否能尽全力对其中的混乱进行

---

① 参见诸如休·亨肯：《印欧语系与考古学》，美国人类学学会，第84号科研报告，1955年12月；马里奥·佩：《人之声：语言的意义和功能》，纽约，1962年，第五、第七、第九以及第十一个问题。

梳理。

现在，是时候对语言在当代工业社会的作用做总结性的反思了。需要再次提出的是，随着现代社会黎明破晓，语言的运用变得多样且实用。各种规则纷纷分崩离析：主要的欧洲语言，特别是法语和英语，从17世纪以来建立的根深蒂固的传统正逐渐消解。语言纯正癖的指责对抵挡大量涌现的新词和语法结构的凝练无能为力。毫无疑问，这种宽松的语言应用构成了环境改变时心理适应进程的一部分。在接下来的三个世纪中，约定俗成的文学语言占据着统治地位，也就是在同一个世纪，看到了理性主义、个人主义、资本主义、民族国家以及标志着欧洲世界统治的经典时代所有熟悉特征的胜利。伟大语言的文学声望是贯穿整个过程的中心：占统治地位民族的显著特点之一就是他们有能力处理政府事务，并穿梭于商业往来之间，能在恰如其分的场合出口成章；其余的民族则因诡异的口音和有限的词汇量被他人嘲笑。

现如今，所有一切都发生着改变。这些语言得到保留；其中法语和英语已经成为几乎所有非洲新兴国家公众演讲时的主要语言。然而，精通掌握这门语言的人与当地将这门语言视为母语的人在语言应用上不分伯仲。正如比起以英语为母语的人，那些将英语视为一种学术语言的人纷至沓来，所以对于语言的所有权的问题开始变得晦暗不明。它究竟是谁的语言，也就是说，它是属于大众的，还是属于那些像他们的前辈讲得几分得体的少数人？或许，这个问题正在逐渐失去它的价值，正如他们作为语言的需求者都加入对其运用自如的融洽氛围之中。

那么，我建议对语言态度的转变也许构成了西方人身体与本能适应性巨大转变的一部分。我们大致熟悉了其学术性的诸多方面，包括殖民统治的终结，更普遍地说，制度以及某些与个人主义社会相关联的习惯被削弱。然而，只有少数评论家大胆提出，政治与社会的变迁可能标志着对早期倾向感官本能观念的回归。在我们所处的工业化社会，一个受过教育的人在阅读量上比不过他的祖父，听过的音乐却比他多；他自由放纵其感官欲望；他可能很少陷入沉思。他的身材很魁梧，体态却愈加松懈。他的步态、手势微妙地反映着其身心环境的新特点：我们只要重温20年前的电影，就会被其中古怪的行为举止和言语表达所震撼，当我们最初看到这些的时候，我们会觉得是很自然的事情。

因此，我们回到当代社会应激反应之谜。现代工业化在我们的身体上施加了一种奇妙的、前所未有的节奏。倒不是说这种狂热的"步伐"彻底改变了我们的生存方式，而是对于激动人心时刻所抱有的被动和主动态度，哪一种占主导的相互交替。大多数时候，我们只是等待着轮到自己，在这个过程中，监视着规范着我们自身存在、履行既定任务的机器。然后我们突然从一个瞬间转向另一个高度集中的状态：我们执行的操作相当精确，丁点误差就会酿成灾难。这就是裹挟着我们的焦虑与应激反应的生活节奏。而且我们做的大多数事情中，散乱无章或"为了说而说"的语言只不过是无关紧要的。

当下人类身心的进化至少与过去发展得一样快。我猜想，就像科技的改变，这种发展的确会加速。但大多数时候，我们当中鲜少有人察觉到。照我看，人文主义学者和历史学家的同行要逐渐意识到生活真相中的这种特别表现。

# 第三章　历史学与精神分析学：对于动机的阐释

在历史学阐释中，"为什么"与"怎么样"是相辅相成的。在精神分析的理论与实践中同样如此。这两个学科的首要任务是针对人类的动机做出阐释：历史学家和精神分析学家以同样的方式找出个人和群体行事的原因，在不同的情况下，寻求方法本身就是理解过程的一部分。二者都旨在寻求一个行为及其相关情况的精确、细致的再现：他们假设，研究者的耐心会带来相应的回报，丰富的经验召唤起与其相关的意识，最终将会显现出一个结论的内在逻辑、一种"令人棘手"的困境或者是整个人类的生活。在历史学上，也正如在精神分析学上，理解意味着追求被遮蔽的或是不完全为大多数人所知的：他们对首先能想到的现有解释存有疑惑。这二者之间的联系似乎是显而易见的，但是，只有在最近才被明确地认识到。①为什么历史学家和精神分析学家耗费如此多的时间来考察他们的共同之处？

第一个解释就是历史书写中两个"变革"存在的片面性引发了我们所在行业当下的态度，即德国兰克学派创立的现代历史研究，以及一个世纪之后源自狄尔泰和克罗齐的新唯心主义的重述。②这些运动的思潮极具主观色彩。他们都超越了单纯真实资料的累积，以一种"内在理解"看待历史学家的使命。从这个层面上讲，或者以我们现有的观点来说，新旧唯心主义者以各自的心境接近了他们的工作，似乎就接近了心理学关注的问题。然而，这正是个合时宜地看待事情。在两次革命尚未尘埃落定的时候，无论是历史学，还是心理学都没有为二者的"联盟"做好准备。事实上，在历史主义的大潮中，作为一门科学的心理学根本不存在。而且甚至在 19 世纪 90 年代以及 20 世纪初期，经历第二次史学革命的时候，对心理学鼎力支持的拥护者，似

---

① 最显著的是威廉·兰格在《美国历史评论》第 63 期（1958 年 1 月）第 283～304 页所发表的《下一个任务》，还有，布鲁斯·马兹利什主编的《精神分析与历史》（新泽西，恩格尔伍德克利夫斯，1963 年），梅叶霍夫发表在《精神分析和心理分析评论》第 49 期（夏季刊，1962 年）第 3～20 页上的《论精神分析史》，以及弗里茨·施米德尔在《精神分析》季刊第 31 期（1962 年）第 532～548 页上的《精神分析与历史》。

② 对这种二次革命的一般性解释，参见弗里德里希·梅尼克：《历史主义的兴起》，两卷本，慕尼黑和柏林，1936 年，以及 H. 斯图尔特·休斯：《意识与社会》，纽约，1958 年，第六章。

乎对唯心主义学派历史书写中的最具价值那部分予以全票否决。19 世纪晚期心理学的特征可以归纳为机械论、自然主义、唯物主义以及实证主义语言（新唯心主义的论证，这两种说法几乎可以互换），这暗示着人类自由意志以及精神独立遭受到了致命的威胁。

因此，思维最为敏锐的欧洲历史学家认为，没有理由了解他们自身与实验或临床心理学之间的关系。相反，他们觉得必须捍卫自己的专业以防受到科学自然主义的侵害。因为在 19 世纪 70 年代和 80 年代，占主导地位的实证主义的心态甚至影响到了历史的书写。当这位学者还活着的时候，兰克的后继者渐渐忘记了其宗教原则以及被他视为历史学家在艺术上实现最高目标的想象力共鸣，他们仅仅把自己局限于对过去事件进行记录核实中：他们也许只是恍惚之间承认实证主义敌人冲进了史学的堡垒。事实上，也正是出于这个原因，狄尔泰发现，有必要再次申明的是，在宝贵的半个世纪间，旧唯心主义的准则将自然科学的进步考虑在内，这是以往的历史学派所忽视的，并且充分了解新知识的实质之后，重申历史研究的独立性。

狄尔泰曾亲自努力尝试应对心理学中近乎抽象的分类。但出于这种开放的思维，新唯心主义者中狄尔泰的追随者将其理念拒之于千里之外。他们不仅没有将抄袭效仿视为科学领域不正当的手段，反倒草率地将其视为另类伟人犯下的值得原谅的过失。他们并未采纳狄尔泰提出的碎片式的建议，而是回到歌德、兰克的思想世界，甚至正如克罗齐那样，进入准黑格尔哲学体系中。简而言之，他们回到了一个显而易见的论点：只有"精神"才是掌控史实理解的关键。

"精神"意味着什么？新旧唯心主义试图以一个被人尊崇但表意模糊的术语传达什么？首先我们应该着重强调的是，德文词 Geist 所体现的内涵，这个词在英文中分别以两个不同的词"mind"（思想）和"soul"（精神）呈现出来：对我们来说，一个词表示理性，另一个词则具有神秘色彩，以及很有可能带有宗教上的意义。第一个词常用于科学领域，第二个词只是偶然使用，而且还会遭遇尴尬。（我回忆起我与一个精神病学家的对话，他对我使用"spiritual"这个词表示反感；当我重新将其定义为"mental"时，他才表示满意。）从严格意义上来说，无论是 Geist 还是"spirit"意味的不过是人类行为的主观方面：以这种用法，没什么可以让一个理性的人吹毛求疵。然而对于唯心主义的历史学家而言，围绕在其周围的玄妙抽象的光环，既与科学家相疏离，又遮蔽了历史本身的工作。正如唯心主义史学在应用中所提到的，精神阐释的概念变得如此含混不清，以至于失去了实用性。

将许久未被提及的历史学和精神分析学相"结合"的第二个解释在这里被引入：正像我们刚才提到的第一个解释，一种历史学阐释来源于弗洛伊德心理学产生的方式。西格蒙德·弗洛伊德的思想世界、学术倾向以及他的工作态度都根植于19世纪晚期的科学实证主义。弗洛伊德一生对基本词汇的解释始终带有机械论调。无独有偶，正如与弗洛伊德同一时代的历史学家，他们对自然科学观点表现出种种的轻视与不屑，因此，弗洛伊德自身并没有对历史产生直接的兴趣：直到后半生，从《图腾与禁忌》(*Totem and Taboo*)延伸到《摩西与一神教》(*Moses and Monotheism*)一系列著作中涉及了人类学的想象，他才开始以时间意识的维度为切入点充实其理论建构。[①]因此，误解是相互的。历史学家深知，19世纪的科学不过是个幌子，在形式主义心理学上完全找不到与他们自己学术相关的内容。精神分析学家同样将历史看作一场对"事实"枯燥无味的搜索，而那些"真相"完全无须解释其重要性和价值所在。抱有好奇心的历史学家，在不经意间总受到方法论存疑主义的支配，因此，他们会向四面八方寻求援助，包括分析家自己也试图分析弗洛伊德晚期的作品，精神分析学家对目前这种现象并无明确的概念。从19世纪起，历史学与精神分析学都秉承一种权威的语言：直到20世纪中期，他们才意识到这样一个事实，他们以德文写出的诸多学术著作，只不过是深层次知识共通性的外在表现。

---

① H. 斯图尔特·休斯：《意识与社会》，纽约，1958年，第4章。

一旦学科之间的第一道理解的障碍被攻破，一旦在词汇、训练、专业态度上有着明显差异的学科有过碰撞和理解，两个学科之间最特别的相似之处立刻浮现在脑海中。在两种情况下，知识方法本身有一定的试验性和不准确之处：历史学家像分析家一样，承受着来自相邻领域同行间无休止地相互斥责，理由是他们的解释无法以惯常的经验标准予以核实。而且，历史学家与分析学家都经常让自己处于一种戒备状态。他们已经对"前科学"时代做出的结论表示了歉意，强调不确定性以及史实证据性质之间存在的冲突，而不是富有想象力的大胆阐释。他们之间相互孤立，各自面对缺乏想象力的科学信徒的袭击。如果他们之间共享知识与思想，每一个学科都将会发现夯实学科的可贵资源：他们十分缺乏构建独立传统科学基础的力量，将他们整合在一起就可以断言方法的有效性。

对历史学家和精神分析学家而言，判断一种阐释是否令人满意不是通过一些正式的科学测试，而是通过一种内在的信念而获得。对他们二者来说，多种阐释是学科的第二天性。前者谈到"多重因果性"；后者发现一个心理事件存在的"多种因素决定"。事实上，对他们来说，只要定义的灵活性大，"原因"这个词就是可取的：绝大部分时间，他们更倾向于明确表达自身对问题的阐释，更清晰地使人联想到看待问题时选择的可能性。他们涉及的复杂的结构布局，寻求内在逻辑的进程，能将看起来杂乱无章的言行整合在一起。分析学家知道这正是他所做的：其理论著作已昭示出来了。历史学家意识不到自己的理论，事实上，有时他的诸多表现就好像他不遵循任何理论。然而，自从黑格尔第一个开创了对世界精神（*Weltgeist*）导向的追求，除此之外，历史学家还能做些什么呢？

精神分析学即历史学，或者更有可能是一部变迁兴衰史。分析学家意识到了这些，尽管他很少给出清晰明确的表达。更重要的是，其专业和道德目标与历史学家如出一辙：通过帮助他们了解过去，使其从历史重担之下解放出来。同样，历史学家老生常谈的问题，也就是对于人类动机的阐释，即它为精神分析学提供大量的认识，比其他任何学科所能提供的要丰富得多。它为历史学家注入了一种与其思想达成默契的特有结构：史实证据及与其相关的规则并不严苛，而且它对那些看起来微不足道的潜在价值十分警觉；分析学家（或者历史学家）可能会因地制宜，将想象力不足的方法中所弃置一处的内容作为其阐释的核心。在这个层面上，历史反过来就是精神分析学：在他们对动机的研究中，二者分享了这个坚定的信念，那就是在人类生存包罗万象的背景下，一切事物都是息息相关且无迹可求，乱中有序的。

迄今为止，给予历史"非理性"的解释显然是行不通的，而且原因也在于传统唯心主义者存在的某些不足。兰克及其他人的初衷是为人类行为的自发性留出更多的空间，以此对启蒙史学简化理性主义进行纠正：与伏尔泰或吉本的论辩形成鲜明对比的是，德国19世纪学派强调人的个性与发展。这样一来，就要为承认非理性诉求做好充分准备：事实上，就历史唯心主义与浪漫主义运动相一致来说，唯心主义历史学家欣然接受往昔的暴力与激情，但这并不符合传统理性的框架。然而，他们没有适时表达新理解的思想范畴。对兰克来说，这就是一个人难以言说的：他对历史上独一无二的人物或者事件抱有敬畏之心，这都会抑制搜集分析对他的影响。同样，他对往昔丰富情感的流连遮蔽了他的道德认知。尽管在个人生活中，他以一个严于律己的道德家示人，当他谈到几百年前伟大人物犯下的过失时，他表现得更加宽容：正如英国历史学家艾克顿公爵（Lord Acton）抱怨的，他写道，"在发生的诸多事件中，何时谈论卑鄙和罪恶才是恰到好处的"①。

在兰克的观念中，往昔的支离破碎和残酷不堪都升华为对上帝层出不穷杰作的惊讶与赞叹。随着越来越多心怀慈悲追随者的涌现，这种怜爱变得越发恐怖。我不知道"德莫尼克"（demonic，意为天才般的、魔鬼般的）这个词具体在什么时候第

---

① 艾克顿：《德国历史学派》，《史论集》，伦敦，1907年，第355页。

一次出现在德国史学词汇中的。[1]但是可以确定的是，直到20世纪，这个词才确凿无疑地被收录其中。日耳曼人眼中的"德莫尼克"（demonic）被理解为突然涌动的激情，无论是创造性还是破坏性，抑或是这两种特性的融合，都超过了"正常"人类行为的界限。他们发现这种被劫掠后的残迹是自己民族精神中所特有的，与拉丁与地中海世界更为理性的传统截然相反。模棱两可的歧义即其本质。它产生了一种源于自信与恐惧的致命吸引力。这使日耳曼人与其邻国有所区别，正如一个民族命中注定会特别伟大，经历不寻常的诱惑；那些浩劫灾难以及命中注定所要遭受的一切在日耳曼的灵魂中摇摆不定寻求平衡。直到希特勒的出现，诸如弗列德利希·迈涅克（von Friedrich Meinecke）和格哈特·黎特（Gerhard Ritter）这样的德国当代历史学家得出如此令人惋惜的结论：消极的因素占据着主导地位，"德莫尼克"无论如何都必须从其精神传统中被清除出去。

以克罗齐澄明的地中海式头脑，像这样模糊不清的东西并不是一个可以接受的历史范畴。对克罗齐来说，以逻辑形式无法表达的东西也是不值得一提的：在这个意义上，他偏离了历史唯心主义的主流并且复兴了黑格尔的学说。仅仅因为这个领域的无条理，从而摒弃历史过往的所有时代。这正是克罗齐及

---

① 请参阅本章末尾处的注释。

其学派有利于所处时代社会和谐与稳定的特点，或者正如历史上属于哲学家天赋异禀的那不勒斯，为了遵循摇摆不定的理性知识和建设性成就，只能在治国与管理上将必然联系用于一连串灾难性的谬误。

因此，唯心主义历史学家认识到了非理性，但不知道怎样利用它。他们可以将其归入上帝之爱的麾下；勤勉尽职的学术生命压制着一种无法言说力量传出的回声，回响在他们自己的胸膛，随之而来的是出于对神圣敬畏的战栗；他们可以从其中提取分散琐碎的要素并对它们给予合理分类。然而，他们无法以自己高超的专业技术，为它披上理解同情的外衣；他们发现自己不可能接受依旧陌生的行为和情感。

更具体地说，所有学派的历史学家都不知道如何解决这种矛盾。语言与行为之间存在着鸿沟，情感基调掩饰了张扬的忠诚理想，显而易见的疏忽酿成的话语和姿态泄露出不为人知的目的，这些往往让历史学家困惑不解。学者倾向于接受正式文献的表面价值，更加强化了这种迷惑感。这与"双重思维"的转变、规避，或者将思绪封锁在密闭的隔间异曲同工。历史学家对存在的陷阱心知肚明：他们中间善于自我观察的人注意到他们自己有时会有类似的反应。然而当谈到历史的原动力，他们不愿承认同时出现的动机看似截然相反。正如爱利克·埃里克森（Erik Erikson）喋喋不休地抱怨道："历史辩证法拒不承认这样一个原则，即伟大革命精神中可能同时潜藏着一个声势浩大的反动阴谋；但是心理学辩证法必须假设其可能性，甚至认为这是很有可能发生的。"[1]

（在这一点上，我想起一位同行对我小儿子痴迷于战争表示惊讶，因为他显然与我自己所参与的和平事业相矛盾。我回应道："难道你不明白，这正是问题的关键。"如果不明说，我与我儿子之间无意识的逻辑理解是显而易见的。我们已经分配了各自的角色，每一个人都可以作为另一个人的陪衬，男孩被允许扮演无辜的角色，有责任感的人不再对其行为给予赞许和鼓励。对和谐的向往以及对和平的热情拥护，成功摆脱了侵略行动由来已久的嚣张气焰。我怀疑，这里是否曾经出现过一位不会沉迷于战争与暴力的激进和平主义者。）

以上就是精神分析学对动机阐释的切入点。如果历史学家，像分析学家那样，在"契合"一连串解释性思考中，找到令人信服的说法，因此，对于不相符以及欠妥之处的发现提供如下线索，即在脑海中乍现的表达必定存在着问题。如果他开始察觉到，无意识或者半意识动机只能将一件件杂乱棘手的难题带入一个清晰的格局，无论历史学家知道与否，他已经抵达到精神分析阐释的起点。在这个背景下，"起点"的确是一个适当的表

---

[1]　爱利克·埃里克森：《青年路德》，纽约，1958年，第231页。

达。作为历史学家，我们的目的往往不是提出一种动机；思想和情感归为确切结论往往意味着进入一系列超出我们能力范畴的具体行动。我们更愿意表达的仅仅是一位历史行动者精神传记中的初步材料，这部传记多年后将会限制他的选择范畴。我们只不过试着探求其个性取向、受挫的情感以及约束其未来成就可能性的隐秘精神创伤。如果我们能做到这些，就能在很大程度上促进对历史的理解，即便是我们对动机的系统阐述最终产生出一个至关重要的结论，可能还会有永无休止的争论。

依据个人教学经验，我举几个例子，在个人情感构成中，探明初步材料，以此阐明我所说的意思。首先能想起的是令我自己感到激动的，并且我相信它也能对我的学生产生共鸣的，就要谈起在研讨会上他们中间的一个意外发现心理学中有些令他摸不着头脑的概念。研讨会报告起初并没有十足把握；不久，学生就深陷于快节奏的困境局面，在结束前的半小时，精神在矛盾重重之中垮塌。最终，令他绝望的是，主人公的行为对他来说毫无意义。论题中的人物是战争英雄兼军事专家，同时，也是一位左翼人士，对于战争，他心怀怨恨，并且希望他所在的国家可以避免与其他国家发生战争和冲突。鉴于他之前的经历与能力，他被任命为军事组织其中一个技术部门的部长。他将自己的一腔热忱投入工作的推进中；在一丝不苟精益求精的工作中研制出了最高水平的武器。然而他过于计较细枝末节，在起步和试制阶段之后毫无进展，最终功亏一篑。与此同时，心怀恶意的人谴责他破坏后方勤务，甚至指控他是叛国者。

我的学生对其正直的个人操守深信不疑，面对这样的指责，他感到困惑不解。他全力以赴，但最终却不得不承认凭一己之力无法解决问题，事实上解决方案已经摆在了他的面前，就像柏拉图在《理想国》中所说的正义，它一直都在我们身边，只是未被发现。学生在不经意间偶遇了这样一个内心冲突的典型案例。主人公的专业技术以及军事荣耀被锁定在其左翼立场与和平主义倾向的隐秘对抗中。部长自己既不能对其坦诚相见，也不允许矛盾发生在他身上，这种抗争将他彻底毁灭，就此占据意识的全部。如果这样做，将会面临非此即彼的背离，要么是其思想的忠诚性，要么是背负着行政责任与职业的使命。因此，对于解决的问题，他唯一能做的就是将这份工作交付给无意识；揭开履行职责谨小慎微的面具是极为隐秘的阴谋诡计，其潜在的倾向最终就这样显现。

很少有案例能像上述所说的那样简单明了，却表现出了对不合逻辑行为特定形式研究的完整思路，那就是如果同时服从于两种不相容的想法或思维方式，并且其中一个没有占据意识的全部，那么矛盾就会油然而生。我认为，这对于社会文化变迁的一种类型的确如此，就好像是对社会情感生活的一次毁灭性打击。正如他们通常所经历的，普遍表达方式无法与陌生的社会现实保持同步时，矛盾与冲突会不可避免地发生。在这种情况下，当生活的外部形态充斥着某种威胁，更为可怕的就是一知半解，因此遵循惯例往往是唯一的出路：传统的言语和姿态在这时最能给人以安慰。我认为，约翰·赫伊津哈（Johan Huizinga）的伟大作品《中世纪的衰落》（*The Waning of the Middle Ages*）的优势之一，就是在对 14、15 世纪外交和仪式化行为的详细阐述中提供了如何消除忐忑不安的方法：在更广的范畴内，我们会发现一种强迫性谨小慎微，也就是刚才我们观察到的单独个体对思想困境的反应。

我想起了另一个学生，此时的他正在做博士论文，在研究过程中正经历着一场自我怀疑的危机。他的研究课题也是传记式的：一个历史学家和文学人物并没有将自己放在第一位，而是作为一个细心的观察者，甚至是大师的亲密朋友。和他同一时代的研究者都已离世，他才在闲暇之时反思自己的过去。当我的学生写到他正致力于追溯其职业生涯及影响力，他感到受宠若惊。不久，两人就私交甚好：随着他们谈话的进展，我的学生翻遍了他所研究课题的个人论文，他开始逐渐觉察到，自己对这个忘年交已经相当了解了。然而，他发现这些都令其心神不安。这里需要再次声明的是，问题源于意识形态的矛盾：正如另一个同代研究者所说的，资深的文学家是一个这样的人，"作为右翼分子，但却以为自己是左翼（还是说作为左翼分子，但却以为自己是右翼）"。我的学生已经深入理解了这些矛盾最初的证据：他已经发现，在这种情况下，家庭成员对父母理想的反抗已经转变成了对父亲文化价值观的密切认同；结果却是缺乏自信，以及一种对艺术、科学等浅薄涉猎、不甚求解的倾向，或者甚至法国人所说的缺乏认真（sérieux）。诸多心理因素在学生的脑海中整合起来。但结论看似如此微不足道，以至于难以成立，并且很难被纳入可靠的研究结果。

事实上，研究结论并非无足轻重，最终结果也是令人信服的。我的学生的困惑源于对其研究结果表面看来肤浅的种种疑虑，这也是对学术传统的普遍不满，他希望看到的是对于学术仍旧挥汗如雨持之以恒。然而，他自己在学术上的发现既不是轻而易举，也并非显而易见。一旦他成功地坚持到底，他所研究的问题就会显现出来：因为他最后理解了这个问题，他就可以想象，他的读者或者导师也会轻易得到相同的结论。（我想起我的一个朋友，在完成自身心理分析的过程中，为了得到其个人行为的某些陈词滥调，他怀疑是否真的有必要经历"这些"。）在这两个案例中，研究者都忘了最后看起来的陈词滥调，在一开始却是一个伟大的谜题。它看起来简单仅仅是因为它已经为人们所知了，事实上，简单意味着从他们的立场来看，他们的理解是正确的。教学或者写作中遭遇的最严重的欺骗就是这样一种感觉：在某人开始着手研究的时候，主题就陷入了无意义。

正如分析学家深知，比起遭遇惨败，取得成功往往更加步履维艰。

就长者的写作生涯来说，在学生自己的专业出身以及文化交流中显露无遗，这些都有助于构建起双方的相互理解。在主题与思维之间适合接近它。我认为，这是博士课题的选择中经常被遗忘的一个标准。如果没有某些情感纽带、选择性亲和力①构建起学生与其研究课题之间的联系，结果无疑将会是死气沉沉、敷衍了事；作者将会屈从于经常从研究生院传出的理直气壮、怨声载道的沉闷气氛。克罗齐和其他唯心主义者意识到了专注于一种学术"精神"认同的价值，它是建立在真实历史与编年史之间显著差异的基础之上。然而，他们却并不擅长处理一种尚未形成观念，但在情感上颇具吸引力的棘手问题。譬如，有一些人看似有着同样的宗教信仰，私下却徘徊在异教的边缘，只有当学生发现他自己被这些人吸引到历史研究上面的时候，对宗教的质疑才会逐渐显露出来，而且异教的研究可能会被证明是解决宗教信仰所产生未知危机的方法。

我所能记住的最后一个历史研究的例子，严格来说接近于精神分析，也就是关于纳粹宣传部部长约瑟夫·戈培尔(Joseph

---

① 选择性亲和力(elective affinity)是德国社会学家马克斯·韦伯(Max Weber)的著名思想，表达了一种合理化世界与某些激情之间存在的命中注定的、牢不可破的联系。——译者注

Goebbels)职业生涯早期的叙述，很大程度上借鉴了他自己所写的青春文学作品。①作者的精神分析能力相当专业：显而易见的是，对于自己所说的话，他都能烂熟于心。而且至关重要的是，他所做出的阐释并不局限于主人公明显的缺陷，比如脚的畸形，而一份肤浅的心理分析报告恰恰相反，它很可能会竭力展现出一个颇具戏剧性的故事。它所关注的恰恰是戈培尔的迟疑不决，处于社会边缘人们的立场以及一代代人对天主教信仰的逐渐缺失。作者发现，结果是对身份认同发出的一连串苦闷的质疑，以及他对一个挚爱救世主的完全依赖，这个救世主最终被证明是阿道夫·希特勒（和其他许多自称无神论者相比，戈培尔的用词仍旧是宗教式的、彰显基督教精神的）。

从更广泛的意义上而言，这个研究所关注的是纳粹高层领导，正如戈培尔和希特勒本人，他们中的很多人来自天主教世家，但他们最终与其父辈的信仰分道扬镳，而且不费吹灰之力就可以看出，如此之举会受到公开谴责。但事实上，这个时期的历史学家对触手可及的材料置之不理：在一种独裁意识形态的形成中，几乎没有人看重宗教的价值所在，尤其是萌生出的一种宗教空虚感，迫切需要一个信念替代。当然，戈培尔的青

---

① 理查德·麦克马斯特斯·亨特：《试论约瑟夫·戈培尔及其民族社会主义意识的形成》，哈佛大学未发表论文，1960 年。

年时期勾勒出其个人动机的大致轮廓，这些迄今为止还未被后人挖掘出来。这与埃里克森所写的青年路德有共同之处，他的作品正是循着这个路子，试图解开情感与社会之间的锁链，这比两代之前韦伯定义的家族宗教的形成更令人难以捉摸。这意味着性冲动备受打击，宗教向往以及阶级不确定性等因素一并叠加引发出 20 世纪极富争议、错综复杂的观念。如果从一个个体的情绪历史学角度来阐释，我们可以得到对我们自己所处时代尽心竭力去寻求身份认同更为全面的理解。

直到现在，我所讲的几乎都是我个人的经验。长久以来，精神分析阐释在这个领域中被应用，有人可能对此提出过反对，而我一直在尽力把持着这道敞开的门。近二三十年来，精神分析传记无疑已经成为一种公认的历史和文学类型。然而，这并不意味着结果是侥幸的：诸如此类尝试大多好高骛远，与专业水平背离，延伸一些琐碎的、远远超过其阐释能力的情感材料。其中的一些读起来仿佛是对弗洛伊德所写《列奥纳多·达·芬奇》(Leonardo da Vinci)的拙劣模仿，这本书堪称证据不足的力作，然而大多数人将其作为模仿对象，步其后尘。

关键问题在于，传统的精神分析传记有其肤浅的片面性，它只是揭示出一对一的关系，声称主人公做了这些或那些事情是源于童年时期的某些痛苦经历。这种解释过于程式化，尚存异议的精神创伤，不过是一成不变地被视为一种障碍而已。如文学评论家埃德蒙·威尔逊(Edmund Wilson)展现给我们"诸如与缺陷有紧密关联的有说服力的概念……天赋与疾病的观点总是息息相关"①。随之而来的是，埃里克森将同样的观点深入到对路德与他自己早期顾虑不安相斗争的叙述中，到了中年，他克服了情绪的波动，在其晚年时期的专制行为中又恢复了精神病症状。

然而，路德在我们脑海中的形象是这样一个人：他有能力将其劣势转化为精神动力，还颇有对朋友情感需要切中要害的天赋。出于这样的理解，历史学家在很大程度上受到了埃里克森的恩惠，而且我们同样要感恩于他所强调的青春期与成年初期，大约从15岁至30岁，这个阶段是过去伟人职业生涯中的决定性时期。在此，埃里克森又纠正了精神分析传记中常见的片面性。依照后弗洛伊德主义精神分析实践中强调身份认同和自我，他将重心从童年期创伤转移到青年期为自我界定所做出的奋力拼搏。相较于早先(而且几乎之前的所有时期)强调生命初期的六七年，诸如此类的方法更加迎合历史学家的想法。仅仅从定义上讲，历史更偏向于处理完全意识中的几个重要时期，无论是整个民族的进化还是一个个体的经历。另外，强调青春

---

① 埃德蒙·威尔逊：《创伤与神弓》，马萨诸塞州坎布里奇，1941年，第287、289页。

期与成年初期的做法也为历史学家完成工作提供了某些便利。关于童年时期的可靠证据屈指可数，甚至在举世瞩目的名人生活中也是如此，如果传记作家被告知只有这个时期是他们人生中最为关键的时期，事实上，他被迫要"在矬子里拔将军"，要么完全放弃精神分析解读，抑或做出高风险的推断，在这个过程中，正是由于他缺乏临床经验，必定会引他误入歧途。相反，从15岁至30岁这段时期的诸多素材往往被完好保存下来，问题始终如此，历史学家并不十分清楚如何处理这些供他们所用的资料。

如果作为历史学家的我们接受了这两种假设：首先，个人创伤本身很可能对重要思想和行为起到促进作用；其次，在建立永恒忠诚理想的过程中，早熟期是至关重要的一个阶段。基于这些，我们将处于一个更有利的地位去超越传记，并且在社会中对主要群像形成一种更为普遍的研究。在个人精神分析学研究打下坚实基础的过程中，我们将会发现可以被广泛应用的解释性原则。对于更高层的纳粹领导人来说，戈培尔背弃天主教并不罕见，当时我谈到这个的时候，已经有所暗示了。精神分析学方法的其中一个优点在于：可能性同时提供了对一位历史人物动机假设的延伸和检验，以此考察置于同一背景下其动机如何适用于他者。

对于令人费解同时又难以理解的历史术语，阿诺德·约瑟夫·汤因比（Arnold J. Toynbee）却能独辟蹊径，他已将过去涌现的一种新型历史命名为"人学"（prosopographical）[1]，也就是一种使抽象概念赋予人性的历史方法，诸如教堂、议会，等等。他在精英传记分析过程中反复推敲，对他们的生活了如指掌，从而对名人的研究熟稔于心。他所秉承的这样一种方法，可以弥合"普通人与名人，特别是有较高人气的名人之间"的差别，"作为一个社会中相对小范围内的参与者，他们构建了一个或多或少完全封闭的社交圈，在这中间，一个或多个社交界中更为重要的名人之间相互制衡，甚至会波及整个社会的生活"[2]。汤因比发现这个方法十分奏效，即在诸如统治18世纪的英国或罗马共和国晚期这样定义明确的寡头政治的研究中。他不敢断言的是，这种"人学"的方法是否适用于广泛民主参与情况下的公众事务。

　　显而易见的是，精神分析的研究证据可谓举足轻重。我十分认同汤因比的观点，即历史学家所面临的重要问题之一就是消解了普通人与名人之间的距离，找到了个人与群体经验之间的契合点。而且我也承认，相比于群体生活，迄今为止的精神

----

　　[1]　prosopographical，即（研究或记述人的外貌、性格、生活、事业等的）人学或人物传记。——译者注
　　[2]　阿诺德·约瑟夫·汤因比：《重新估价》，《历史的研究》，第十二卷，伦敦，1961年，第122页。

分析阐释大多较为成功地论述了历史人物个体。要不然就是走向另一个极端，他们为理解一系列情感现象提出富有想象力的建议，诸如黑死病流行之后到处弥漫的绝望感，抑或是一场如浪漫主义这样被广泛认同的美学运动。相比之下，中立的观点看上去差强人意，他们对于群体观点和行为的阐释上只划定小规模的论域，以便在某些细节上做出清晰的辨别与研究。这里还没有出现与汤因比提出的基于寡头政治分析的统计数据十分契合的观点。

然而，更接近的观点认为，精神分析方法为这种传统统计评估难以匹配的研究类型提供了诸多有利条件。后者几乎毫无疑问依靠外部证据，按照常见标准显而易见，因此方便比较，比如精英分子中的一员。一种精神分析阐释也可能运用外部标准来定义意图不明的群体：纳粹高层领导就是一个有说服力的佐证。但它将会突破这些，以追寻普遍情感体验，寻求在很大程度上主宰部分意识的共同焦虑与强烈愿望。接着将会发现诸如超越阶级或精英群体传统界限的体验。因此，针对处于民主或准民主社会中表现出模棱两可态度的精英，他们指出了一种了解其动机的方式。

依我看，历史学家可以尝试以具体时期为限，选取这个阶段传记材料充分的名人，拟定一份名单，并且推测出他们之间存在的情感共性；通过对这些传记进行一番明察秋毫般的比对，他们才有可能对某个时代或年代根深蒂固的恐惧感和不切实际的抗争所存在的疑问进行有效归纳。（我所谓某种程度上的"有效"是指他们的阐释有赖于男人和女人可被证实的经验，而并非仅凭借印象、不成体系的解释，对其产生质疑的同行可以轻而易举地摒弃这些想象中的虚构事物。）我想到运用以往的比较传记方法，比如罗伯特·杰伊·利夫顿（Robert Jay Lifton）的论述。其他例子也毫无疑问会发生在任何一个竭力克服恼人的困扰，想要以足够明确具体，使读者信服的方式表达出属于某个时代"精神"的历史学家的身上。

在此，我们谈谈整个问题的关键所在。如果精神分析可以辅助历史处理难题，比如揣摩过往伟大历史行动者的动机，也就能提出一种将个人情感体验与更广泛群体联系起来的方法。比起独立的传记研究，尽管后者的贡献就其范围或程度来说都收效甚微，但在探究过程中所涉及的重要领域已经开始逐渐被提及。诸如像埃里克森和利夫顿这样的开拓者，为我们致力于早期历史研究指明了新的路标。这表明我们历史学家一向格外强调个体性以及个人经验的特有品质。然而，结果却是我们和持有各种不同理由并做出断言的唯心主义学派站在了同一立场。倒不是说一个人有着某些难以言说的东西，也不是说人性是一件多么神圣的事情，以至于与科学、世俗相隔绝：随着人的动机，就像其他任何事情一样，做出系统的归纳（或者也可以说成科学的归纳）对于理解和沟通是必不可少的。但事实却是个人的意识被视为我们获得的最终材料，我们所能了解到的只是冰山一角。现代西方哲学的主要惯例，无论从洛克还是笛卡儿说起，一向都很清晰明了；并且一再断言我们必须追溯到个体自身的思想当中（并最终回归研究者自身），以便凭借充分的理由发现我们自己。

历史学家与精神分析学家所分享的不再倾向于抽象、深奥、形而上学式的观点，二者都尝试保持这样一种状态，当他们从事专业工作时无须对终极哲学问题进行深入探究。然而事实上他们有着共同的原理体系。他们都相信人类理解的根本在于主体性。同时，基于相似的理由，他们都渴望摆脱个人意识的禁锢，更确切地说，突破研究者思想与他者观念（无论是来自历史行动者还是精神分析对象）的双重约束，试图以此将其自己的意识融入与他们的共鸣中。他们都认识到，通达个体理解的途中要经由一段几乎难以被察觉到的细微变化，即历史学家或者精神分析学家的思维本身在实现自己研究课题的过程中的种种备受煎熬。他们都逐渐意识到，应同样尽力摆脱两个孤立心灵约定俗成的对谈：他们已经发觉，随着群体范围的扩大，个体研究相较于之前更加充实。历史学家和精神分析学家一致认为，开发和利用这样一个群体不容小觑，并最终意识到，只有当精神传记与生活中亲近之人相关的时候，个体性才能在他的整个文化背景下被人们所了解。

因此，从历史的角度，也正如在精神分析上，我们可以概括为，对个体性展开比较全面理解的方法即通过对群体的了解，而且反之亦然。在这两种情况下，对于动机的阐释从个体到与他有某种可比性的他者，然后又再一次回溯到个体，所表现出来的具有转折意味的思想和行为逐渐澄明。这种互惠方法便是历史与精神分析两个学科最终共同关注的，在上述两种情况下，系统化的发展只不过才崭露头角。

个体意识同样也是这两个专业的训练场。在其中一个例子中，个体意识被完全认可：精神分析学家自己的分析体验构成了其知识体系中的核心要素。对于年轻历史学家来说，先例与文献记载并非了然可见：在其研究生培训阶段，没有刻意培养或引导学生"感同身受的想象力"，而这正与他在研讨会上接受处理文献、材料的训练方法一脉相承。我认为这是一个严重的错误。对于历史学家来说，"直觉"的训练至少要与文献阐释的增改有着同等重要的地位。到目前为止，显而易见，这篇论文中一个颇具争议性的重要论题，即对历史研究的豁免，跳出书斋与文献的藩篱。我提出过田野调查可以作为让新鲜空气进入的一种方式。多种多样的精神分析训练也不失为一种选择。

对于这种类型的培训最好以何种形式开展，我还不能给出一个明确的答案。一个完整的精神分析必定会耗费较长时间，而且对于大多数博士生候选人来说价格不菲，有的也许在气质性格上很难契合。然而在一些案例中，可能会有什么严格的要求，而且我相信基金会定会为这样一个充满着机遇和挑战的事情买单。我希望在不久的将来能涌现出一大批年轻有为的历史学家，尤其是那些着重关注于历史学阐释心理层面的年轻学者，他们将会在经验丰富的临床医生的指导下实现对个体的分析。至于其他人，也许可以经过与设立在大学附近的精神分析学会协商，制订出一个短期项目。

我相信，这些无外乎是要满足 20 世纪后半叶历史阐释的种种需求。在当代知识背景下，对于挖掘出一种总被有天赋的历史学家、精神分析学家打上特殊标记的"感觉"，使其与精神分析达成"隐性的遥契"，我尚且没有找到其他方法。然而，我不敢说经过这样一系列的训练就能获得成功。这不应该被认为是自学的替代，无论如何，个人意识的渐进式成长可谓历史学家的一剑之任。精神分析对这个进程在很大程度上起到了促进作用，但这并不意味着它可以在任务中独当一面。正如特奥多尔·蒙森（Theodor Mommsen）在近一个世纪之前向我们昭示的："如果一个历史学教授认为他能像古典学者和数学家接受教育那样培养历史学家，那么他就会处在一个岌岌可危的错觉中。

历史学家不是通过他人的教授培养出来的，而是自学成才的。"[1]

## 注 释

毋庸置疑的是，"德莫尼克"（Demonic）最早被赋予的一个定义是歌德在《诗与真》（*Dichtung und Wahrheit*）[2]中所写的：

他相信，自然界中无论是有生命的还是没有生命的，有灵魂的还是没有灵魂的，有些东西只能在矛盾与对立中显现，因此不能简单地以一个概念表达出来，更不能一言以蔽之。它不像神明，因为它看起来没有理智；它不属于人类，因为它没有悟性；它也不像邪恶的魔鬼，因为它充满了仁慈和善意；它更不像是纯洁的天使，因为它有时会传出幸灾乐祸的暗笑。它像是偶发事件，因为它没有显现出任何因果；它又与天道神意相似，因为它暗示着某种关联。它可以穿越限制我们的一切；它像是循着我们存在的必要因素肆意妄为，它可以聚拢时间、延展空间。它似乎只能在不可能中发现愉悦，背弃可能，甚至不

---

[1] 1874 年在柏林大学的演讲，转引自恩斯特·卡西尔：《人论》，纽黑文，1944 年，第 257 页。

[2] 歌德：《歌德自传：诗与真》，炯植·罗杰·穆恩译，华盛顿，1949年，第 682～684 页。

屑一顾。

它的本性像是介入其他所有因素之间，将它们割裂，而后又融合，我效仿古人以及与其有着相似感觉的人，将其称作"德莫尼克"，即神魔般的超凡之力。在与这个令人胆战心惊的东西相逢的时候，我以迅雷不及掩耳之势逃离，以此拯救我自己，依照着我平日的习惯，隐匿在一个具体形象背后……

尽管这个神魔般的超凡之力能凭借一切有形和无形的东西将自己显现出来，甚至在动物身上表现得极为显著，然而，值得一提的是，当它在人身上起作用时却奇妙神奇之极，它形成一种力，即使不是与世界道德秩序背道而驰，也是与它纵横相交的，因此我们可以将世界道德秩序称为经，神魔般的超凡之力称作纬。

由此衍生出的现象有不计其数的名称：一切哲学和宗教以散文和诗化的手法解释这个谜一般的事情，并最终做出论断，但他们的探究并未就此尘埃落定。

然而，最骇人听闻的是当这个神魔附于某个人的身上，支配他并且显现出其超凡之力的时候。在我有生之年中，我就几次看见它，相伴左右，忽远忽近。这样的人不一定是智慧超群、天赋异秉的卓尔不凡之人，也鲜少以美德自居；但他们可以从身上释放出巨大的力量，从而波及一切生物，甚至自然力，然而，谁能断言这样难以置信的影响力可以延伸至多远。所有凝聚起来的道德力对它无计可施；有慧根的人猜测到他们是欺骗者或是被欺骗者，但绝大多数人还是被他们所吸引。处在同一个时代，能与他们相提并论的寥寥无几。只有宇宙本身可以与它们抗衡，除此之外别无他物，"唯有神自己能反抗神"（*Nemo contra Deum，nisi Deus ipse*），这种诡异荒谬的谚语腾空出世，也许是从诸如此类的观察中得来的吧。

# 第四章　叙事线索的范畴

　　我们当中主张以历史书写进行实验的那些人，由于对历史学家长期遵循的核心线索表现出来的不屑和轻视而遭到颇有微词的指责。当我们为曾经做出的先验阐释提供诸多论据，在过程或结构一丝不苟的建构为历史提供一个相对清晰系统的框架之时，我们可能已经因忽略以叙事为主的历史散文而受到谴责。当我们看到，斯宾格勒或汤因比提出的"元历史"所暗含的优点时，这种写作方式纵使有科学的粉饰，但事实上仍与我们所追求的诗意范畴相距甚远，与此同时我们被告知，我们所做的大量推测与历史学家所关注的事情没有丝毫关联。①无论我们试图

---

　　① 具体参见我的论文：《斯宾格勒：一种批判性的评估》，最后一章和第二附录，第183～187页(有关汤因比)，修订版，纽约，1962年；也可参见佛朗克 E. 曼纽尔：《为哲学史辩护》，载《安提阿评论》，第 20 期，秋季刊，1960年，第 331～343 页。曼纽尔与我各自在元历史上的看法，都达成了一致肯定的判断。

使历史更接近社会科学，还是赋予其艺术幻想漫游更广阔的空间，任何一种情况，我们都会受到责备。这提醒我们，叙事才是应该着重关注的：这正是，历史研究与其他学科所追求的不同之处。正像它的名字不断提醒着我们，历史是一个故事。仅仅就学术方法来说，历史试图再现事件的来龙去脉。其他学科可能只是从现实中提取出核心内容，挑选出人们某些独特经验，以供他们分析研究。历史所追求的仅仅是给出一个完整的且真实的叙述。

因此，其他学科无须面对历史所遭遇的问题。与我持相反观点的反驳者会认为，为研究"元历史"的学者辩护，或者强调一种先验的、准科学的态度不失为一件好事。这些看上去似乎是一种别出心裁、激动人心的探究方式。然而，另一方面却并不乐观，这种方式貌似新颖，实施起来却有难度。就某个方面而言，至少相较于传统历史书写来说，颇具实验性质的历史更加便于创作。诸如科学或艺术，二者或多或少从现实中随心所欲提取出了抽象的内涵。但这种抽象的概念也许不能完全满足历史学家的需求，而且今后也未必能实现。正如哲学家柏格森向往的，一位真正的历史学家渴望了解现实本身，传达"生成"的本质并且投身于对不断变迁的人类经验的研究中去。如果他是一个天资卓越的研究者，绝不会就此罢休。

难道这是一个不可能实现的目标吗？历史学家是否可以通

过叙述竭力传达出对过去重大事件的参与感？是否在任何意义上都是可行的？或者说，对执着于营造声势浩大，却最终徒劳无功的人来说，这种大胆的幻想是否被视为一种必不可少的方法？我自己在这个问题上举棋不定。而且我认为，尝试回答这个问题的最好方法，便是当历史学家着手创作叙事散文的时候，对他们会做哪些实际工作进行调查，而后领会我在之前论文中所提到的，这些叙述是如何与颇具实验性质的历史书写相关联的。

我从来没有贬低叙事史学的意思。我们针对其他历史体裁的是非曲直所提出的异议并无意将新的写作形式代替旧的。我们也不希望让叙事历史退出扮演传统核心角色的舞台：我们意识到，大多数经典历史以文学的方式被嵌入叙述模式中，而且讲故事依然是我们为之努力的主要方向。归根结底，对历史书写与其他学科的区分大多是以时间顺序为依据的。然而，我们所追求的是基于史实理解的提升；我们希望找出，什么样的理解可以通过平铺直叙的散文得以实现，我们的主题在哪些方面可以从一份侧重分析或先验类型的研究中受益。至少，如果我们再次从20世纪强调分析的历史学家的视角来看待传统历史讲故事的目的，我们就可以更准确地对叙事方法的范畴与局限性进行判断。

我脑海突然浮现出一句对叙事历史做出的归纳：它远不像其

所表现出来的那样简单明了。在这一点上，无论是其拥护者还是批判者都会对此认同。正如以史传文学为主的写作方式经历了2500多年的历程，叙事已经被不断改进、润色到一个高度专业化的水平。历史学家为了略过他们不完全知道或不理解的内容，开拓了大量的文学修辞法。越来越多带有先验色彩的历史涌现出来，由此拉大的差距开裂出令人局促的鸿沟：在叙事散文中，它们被巧妙地隐藏起来。除此之外，如果善于分析的历史学家能做出判断，通常是对此了如指掌的：故事讲述者将如此论断用一个极具渲染色彩的形容词或一个从句加以粉饰、伪装，而对于诸如此类之举，读者却浑然不觉。因此，大多数叙事历史有名无实：并不像通常所认识的那样兼具全面与客观。

让我们看看过去有代表性的阐释以及它们所"涵盖"的确切内容。事实上，相较于作者所明确认识到的，此类阐释方法大多更贴近小说或戏剧。就像以第三人称叙述小说，仔细观察，我们会发觉，往往会有一个主人公，其观点统领全篇，他很可能以"我"的身份讲述故事，因此在历史中，我们以小说人物或群像的视角发现历史学家描述他见证过的事件。他将自己视为神一般的全知者，以泰然自若、优越超脱的姿态沉着地看待人间冷暖。事实上，他注定只是个凡人，而且不得不挑选出他小说中的一系列人物，在他们身上扩展出富有想象力的共鸣。而且这些人物几乎都来自社会高层——政治家、将军司令官，又或许是一位在某些重大场合上现身的博学、和蔼的大师级人物。很难体会到，一部政治史的成书是以普通选民的立场或是从军人的角度描述一场战争给他带来的痛楚与苦难。而且就历史学家而言，其中没有掺杂一丝自命不凡或冷酷无情。简而言之，选民或者普通士兵只能将仰视的目光投向社会高层的大人物。他不可能为了实现自己的目标而满足历史学家的需求提供一种视角范畴。

然而，难道以政治家或者将军的视角就能看起来无所不包吗？答案当然是否定的。每种方式都有其局限性，而且最显而易见的是要依照所处背景。历史学家在为其阐释做出种种构想之时，他发觉自己不得不像一个剧作家那样持续不断地进行"创作"。他没有分身术（在这个方面，他依然只是一个凡人）；他必须将他所做的事情从一个地方转换到另一个地方，依照他自身的判断或者感觉来告诉他，如何聚焦这个他所要讲述的故事。而且剧场或舞台再次被归为像议会大厅、内阁会议、参谋总部这样较为高级的一类。因此，对这个阐释的关注会变得更加详细具体；有时在只言片语中甚至都能发现一席之地。在此，历史学家的表现更像是一个参与者，他带着诸多疑惑，在力求重现历史真相的同时，表达出难以抑制的兴奋之情。正像只有少数几个小说人物分享到历史学家内心的共鸣，当作者静默片刻，透过双眸一睹事件的全过程时，现场为数不多的人便被带入他们的生命中，按照法国人的说法，其他人被贬为群众演员，因此只有谈到庞杂的人类经验中微不足道的一小部分时，历史学家才会转换到其完整的叙事能力；与此同时，从外在形式考虑，其余的那些人不得不沦为背景，对他们做出一段单调乏味的总结足矣。

而且，叙事以两个层面展开：居于前面的是宏大事件；留在后面的是剩下大多数碌碌无为的无名小卒。很难看出历史学家还能做何选择。然而，是什么使得专业需要通过个人的偏好和思想的懈怠得以强化。对于"文献"，历史学家往往是紧随其后；而且如果这些属于彻头彻尾官方性质的，他们的阐释会变得相对容易，因为官方记载的主要作用即为重大事件提供参考指南。经过这一番观察研究，我们是时候可以说说最让历史学家抱有幻想的核心问题——对在场亲历者阐释的虚构。

亲历者目睹到什么？对照参考指南，我们可以发现，由于作者写的都是他们亲眼所见的事情，参与者的叙述则作为官方文献的主要"来源"而被置于其后。然而，他们真正目睹的事情有多少（暂时不考虑他们真正能记得多少）？以其掌控的话语权，这只是重大事件中的一个小片段，很少有在亲临现场的同时，头脑又能保持机敏的时候。对于亲历者所讲述的人物，事实上，作者与我们当中的其他人对这些的了解相差无几：他们所掌握到的都只不过是二手资料。我为我的学生找到了一个有助于应战严苛考试的练习，诸如一位知名亲历者温斯顿·丘吉尔

(Winston Churchill)所著的鸿篇巨制《第二次世界大战》(*The Second World War*)。毫无疑问，没有人会质疑这套书的权威性。然而，当我们问到丘吉尔先生真正"目睹"了战争的多少，答案当然是他只见证了很少一部分。其著作六卷本中只有几个片段是一手资料，而且还是历史学家青睐的，对宏大场景描述时所用的固定模式。

如果历史学家不允许有传闻证据，那他怎么可能将叙述的故事拼凑起来？这就是历史与法庭的相似性，可能会令人产生误解，但这对于同行的哲学家而言恰恰是弥足珍贵的。然而事实上，历史学家却不能削足适履、人云亦云，法官或律师亦是如此。"律师的使命在于办案；历史学家则希望了解某种现象。有的证据可以说服律师，却往往令我们难以置信；我们所运用的方法对他们来说，有时看上去含混不清。"[①]我曾不幸成为法庭上的证人，当法官不断地将我所看重的观点裁定为违反法律章程时，我感到十分沮丧。他对我斥责道，"事实终归是事实，传闻就是传闻"；在法官的观念中，这两者大概既无交集，也没有任何共性。以我自身的经验来说，无论是作为历史学家，还是一名参与者，我至今还未发现对二者明确的界定。

---

① 艾伦·约翰·珀西瓦尔·泰勒：《第二次世界大战的起源》，纽约，1962年，第13页。

个人亲身经历可以对参与者的知识水平，或者对其所作所为的记载究竟能延伸到什么程度进行有效的验证。在小说《帕尔马修道院》(La Chartreuse de Parme)中，当谈到主人公法布利斯是否经历过滑铁卢战役的时候，他感到困惑不解。当参加过第二次世界大战的老兵发现自己荣膺数不清的战斗勋章，他们也会感到同样的困惑，因为他们从未开过一枪；他们仅仅在更高一级司令部为战争界定好的常规战线内作战。作为历史现象的核心，那些直接参与的人应该对所发生的一切有相对清楚的认知。而对于历史现象的边缘，取而代之的是他们一头雾水的茫然不解。

在一种普遍现象中难道就没有核心或是要点可以遵循吗？叙述史学家在不可能区分领导者与被领导者的时候，如何讲述一群乌合之众的故事？即使是在缺乏组织的选举中，记录活动中的候选人是一回事，了解选举者参与一系列的个人决定，最终计算出裁定的票数却又是另一回事。当选举结束了，一切都会了然：我们怎么能怀疑最终的结果呢？然而恰恰是在前一天，同样的选举地点却令人疑惑不解。将某一个人的思想投射到占地面积十分庞大、能容纳几千户的选区，以及在选民做决定的时刻，试图左右每个人的想法，这些经历都发人深省。这些做出如此尝试的人出于公正，对历史学家以往对相应事件发表意见时的自信姿态提出质疑。同样地，任何依照当下新闻报道遵循自己行动的人很可能对历史学家照例相信头天报纸上的文章感到惊讶。我记得一位资深政治家曾告诉过我，在过去40年的大众文化生活中，他从来没有看过有一份报纸对其所为予以准确无误的报道。

那么，我们必须对过去不曾创作出一个令人满意的故事而丧失信心吗？如果叙述史学家抱有的同情理解没有延伸到比前面所说的舞台或者他所设想的舞台更远的地方，如果他对于问题边缘的阐释暧昧不清，甚至对于问题的核心摇摆不定，是否对他自己所讲述的关于一个事物如其所是，如何形成的故事理直气壮？不完全是，历史学家不总是按其所说的采取行动。但他在这个过程中也对其他别的事情有所贡献，而且功劳不小。他对重要历史事件进行定位与叙述，也就是我们常说的历史转折点，有一些历史事件对于亲历者来说是显而易见的，其他的就此而言，只能随着时间的流逝逐渐显现出来。

因此，自诩有着广阔视角的历史学家往往意识不到他真正做了什么。他不会发觉，对于摆在面前的若干方法他所做出的选择是多么的不同凡响，还有就此一点来说，他的处境与那些直接将其材料融入自己设计的大纲中的历史学家并无差异。在这两种情况中，作者搭建起自己相关的批判标准；在这两种情况中，这种批判标准无论是有意识的还是通过暗示的，它们都源自历史学家自身的价值体系。然而，他选择继续前行，作为历史学家是这场演出唯一的导演，然而历史事件永远不会任由他摆布。

在诸多别具一格的选择范畴中，叙述史学家所能传递的正是他们随着时间流逝在目标上做出的改变。他试图跟踪这样一个进程的变化，即一个人的处境如何从一个状态变成另一个状态的。然而，他又无法追溯这个过程中的每一步。人类参与的各种活动是源源不断的，历史学家费尽波折描绘这番变动，不得不将其分成若干个部分。他将其注意力集中于时空范畴中诸如此类的事件上。历史学家停下来选取一个视角，勾勒出一个场景，描绘出一个人的个性，或者上演一出戏剧化的行动。但这仅仅是整个过程中的几个节点，至关重要的在于起点与终点。只有在这些点上，历史学家才能发现一些可靠的立足点，而且能有见地的对它们进行筛选，这是作家谙熟于这个专业的明显标志。文学修辞手法不能描绘出一个对象运动的所有轨迹：它只能将开端和终点具体化。

更广泛地说，对于无限丰富的人类经验中难以割裂的关联性，我们所运用的文字隐喻在表达它们的时候往往稍逊一筹。我们可能会谈到它们持续不断、和谐统一、密密层层互相渗透，然而这其中还是有着缺陷和不足。即使再不能找到一个完全合适的词来表达人类经验，历史学家也要对其所说加以明确。而且他同样知道自己面临的严峻挑战，即必须使事件的发展方向及其共时性呈现出一以贯之的散文风格。他必须使其叙述的内容朝着他的重大发现方向迈进；同时，他不得不以多元化的视角看待现代化特征在过去所表现出的与众不同。他还要发现一种能将叙事的节奏与丰富的材料分析相结合的文学方法，并且通过时间的变更和人类行为广泛的共时性，将二者结合起来。

因此，历史学家最精湛的技艺在于，将社会与精神分析研究的新方法和其惯常运用的讲故事的方法相融合。如果他能秉承着"怎么样"和"为什么"，并沿着这两个方向稳步前行，如果他能轻而易举地进行前后转换，并且从对蛛丝马迹的怀疑和参与者的举棋不定中跳出来，从而得出历史学家才知道的一个确定无疑的结论，那么作为一个作家，就可以恰如其分地理解他的所作所为。窍门就是遵循现有经验的一个或者另一个层面，是经济变革、心理冲击，还是社会重组，要依照具体情况而定，在它们对应或相互影响之下，依次得以实现，将其转换至颇具发展前景的显著位置，正像核心叙事的展开，它会对人类变迁产生重大影响，直到最后一连串的阐释聚集在一起。当然，这种融合一体化的观点是历史学家自己选择的，其中一些观点是明智之选，但也有一些不尽如人意。明智之选的标志，即当历史学家一路将原有叙事或分析、多种观点的广泛论域进行巧妙运用的时候，毫不费力就将它们聚拢在一起，即便是没有先前的设想。

诸如此类的聚集因历史学家的倾向及其赋予事件的重要性而存在较大分歧。米什莱倾向与戏剧性局面进行互动，将一幅跨越了几个世纪的漫长历史画卷生动形象地在读者的脑海中徐徐展开，最终呈现出历史事件的最终结局。米什莱为了接近对中世纪的描述，选取了圣女贞德（Joan of Arc）的审判和死亡作为切入点。这一段历史悲剧，令当代剧作家流连忘返，正如他们始终对现有的答案抱有遗憾一样，随着时代的变迁，戏剧家的理解实现了从宗教信仰到民族国家的转变，到了米什莱那里，便实现了个人化表达："历史上最后一个背影，同时也被视为开启一个时代的第一人。她以圣女形象示人……并与国家同在。"①圣女贞德的短暂人生中，经历过田园牧歌般的浪漫，但转而陷入阴森地狱般的恐怖中，米什莱找到了传达其自身对历史矛盾感受的理想方法，随之，中世纪衰落的说法就强加于后来者的观念中。

另外一种聚集可能会在一个事件中被发掘，最终带入一段漫长而复杂的历程。正像米什莱将自己扮演成一名先行者，在对整整一个世纪历史研究进行探索之后，埃德蒙·威尔逊在其著作《到芬兰车站》（*To the Finland Station*）中利用革命的已知

---

① 米什莱：《法国通史》第二辑，G. H. 史密斯译，纽约，1845 年，第 168 页。由我从法文转译为英文。

结局，将视角定位于列宁 1917 年 4 月乘火车到达彼得格勒这一关键时刻。在威尔逊看来，布尔什维克党领导人在装甲车上的即兴演说标记为关键时刻（decisive moment），正逢革命思想付诸实践之时；在马克思长达数十年艰苦卓绝的研究与著书后，其思想体系的传承者终将大师所教授的付诸实践，即对自身的所作所为在历史进程中获得认同与共鸣。经过了 4 月这个具有决定性意义的夜晚，历史在这一页写下的种种将永远不能被复制。

这种方法可能会给专业历史学家留下深刻的印象，就像一位纯文学作家的构思不会受制于研讨会上提出的程式化情节。但仔细观察就会发现，在一些非常专业的当代创作中，类似的方法相当受青睐。比如，我现在想到了约翰·威廉·德雷珀（John William Draper）对于达尔文的传记研究，他称得上达尔文在美国追随者中的灵魂人物。作为一名宣扬"以宗教为基础的科学研究"的狂热鼓动者，他一生最重要的时刻开始于他在 1860 年远渡英国，以及他在牛津大学对其几年前发表的一篇论文所做的演讲，主题正是围绕着达尔文备受争议的著作《物种起源》（*The Origin of Species*）而展开的。这个场景对于有着英式思维的学生来说似曾相识，又是在这类议会大厅上，这次是科学议会，对于达尔文主义的信奉者来说，托马斯·亨利·赫胥黎（Thomas Henry Huxley，"达尔文的斗牛犬"）击溃了牛津大主教塞缪尔·威尔伯福斯（Samuel Wilberforce）。然而，尽管有无数的重现与复述，美国访问者所扮演的角色依旧晦涩不明：直到现在，我们意识到他个人在发表论文上体现出的关键性，促成了一场至关重要的交流，从而拓宽了论域，使这场争辩不仅仅局限于达尔文主义的绝对拥趸者划定的科学界限。德雷珀和威尔伯福斯对更多有争议的问题所见略同：

人们都会注意到，或者至少说可以觉察到，新理论会在他们的情感中留下烙印。对他们来说，这并非表现出一种对有限思维的开拓，而是一种进攻，不管在欧洲世界的整个理性、情感以及伦理结构上都是如此。进化的理论并没有隔阂；它必须从人类思想的一端传播到另一端，并且在思维运转之内，传播到所能产生共鸣和认同的所有领域。

因此，我们发现在论辩中，越是名不见经传的小人物就越可以清晰地感受到争论的方向何在，通常以撼动整个"普通维多利亚人情感与理智的栖息地"而尘埃落定。[1] 在此，历史学家再一次将其视野的棱镜旋转几度，以全新的眼光捕捉到似曾相识的信息，简而言之，最终做出具有批判意义的总结。而且，他所做的已经超出了历史学家的范畴：正如我们之前所举的例子，作家将他所能想到的诸多线索一并纳入最精彩的片段是远远不够

---

① 弗莱明：《约翰·威廉·德雷珀和科学的宗教》，费城，1950年，第72~73页。

的；理想的情况下，这一段本身应成为历史散文一个全新论域的出发点。除了叙事的重点之外，随后的段落和章节也会扩展阐释的范畴，在其他领域逐渐蔓延开来，直到读者欣喜地发现，事实上，一段颇具风雅的概括只不过揭示出未被察觉的含义，而这些不为人知的意义正是从一系列解释性结论中兴起的。

我们其中的一些人以回溯文化人类学的方式界定自身历史视野，强调符号的重要性，以此建构一种特定文化的共同价值观。这些符号可能囊括了所有典型个人和阶层，在宗教、美学、伦理方面，人们很少以逻辑形式表达出人类精神的内在联系，然而共同之处在于它们能将人类精神的各种不同表现形式相结合。符号传递着社会生活所遵循的隐形法则，以及对假设无须形式化验证的共同理解。

大多数诸如此类的特殊符号具有可塑性。它们通过一张图像或者照片点明要旨。而且具有叙述史色彩的符号亦是如此。虽然乔治·索列尔（Georges Sorel）是第一批发现此规律的人，但是大多数人凭借审慎的纪年法或者合乎逻辑的阐释无法理解他们所谓的历史；更确切地说，他们将其领会为一场改变了世界，以末日之战示人的图景。对于基督信徒而言，无异于十字架上的终结，对于革命者来说，似乎回到了1789年和1917年那令人瞩目的时刻，在美国人看来，这无非是内战的悲剧之谜。颇具荒诞色彩的历史将这些联系起来：索列尔再一次教导我们，对于历史通俗的理解必定依靠虚构来完成。

　　但是这又与专业历史学家创作的叙述史有何关系？当然，炉火纯青的历史工匠能够并且确实可以不受民众间庸俗愚昧传闻的影响。在他接触到的纯技术层面，然而在另外一个可能更深刻的层面上，在其最初的写作构思中，他仍要依赖于通俗理解以建构文章。就在刚才，我试图证明在最好的叙述史中，一些重要的段落所描述的颇具戏剧性的事件，在一种历时性全新阐释还未诞生之前，所有按时间顺序展开的讲述都集中于惊心动魄的一点上。首先，这种融合十分生动，相当形象化，通过心理上需求渗透。因为历史学家的精神禀赋与未经过专业训练的读者并无差异；同时，他必须将其材料融入一言以蔽之的图景中，以窥其貌，洞察秋毫。这大概就是克罗齐所冥思苦想的，此时他正创造出如天启之音那般的"闪电式"顿悟；如果我们将其运用到叙述史学家的形象化创作中，似乎以晦涩方式描述出的一系列合理解释就会变得相对容易理解，这意味着克罗齐有时候也可以运筹帷幄。

　　历史学家与大多数人的真实关系既不只是专家澄清虚假传闻，也绝非专业历史学家包容了大多数人的观点那样简单。二者的真实关系是不断的交流。正如维柯在两个半世纪之前发现的那样，历史的虚构必须以"真理掌握在大多数人手中"为前提，只需被"净化、整合与还原"。甚至，历史学家直到了解虚构事实的本质时，他才能开始进行构思；如果他没有考虑到读者预先的期待视野，或者没有以读者过往的经验作为切入点，他倾听大多数人的观点的机会非常渺茫。最终，他可能会选择赋予一种他们无法接受的全新阐释；但他不得不着手了解其精神层面为人熟知的特征。

像大多数人一样，历史学家像孩子那样初次了解历史，如果他们没有对过往的事情保持着孩童般的求知欲和好奇心，他们将不会在以后表达出对这些事情的理解。正如我们在早先了解到的，当我们被与日俱增的专业化程度包围时，曾几何时，历史散文所具有的通俗、容易理解等特点，对于我们来说至关重要。历史学家最初所选取的重要事件，应当是那些伴随他成长的地方，就这个意义而言，他会对那里的文化氛围相当熟悉。事实上，他的前辈已经为这些通俗的说法开了先河。一些历史事件不动声色地在大众的思维中勾勒出其原委：即刻发现了贴在它们身上恰如其分的标签，值得人们铭记在心的经典情节在很早的时候就已建立；法国大革命以及美国南北战争就是具有代表性的例证。然而，大多数时候，给历史事件的界定更新进度过缓，世世代代的历史学家可能会为此争论不休，直到他们之中的一个人，如奥斯卡·汉德林（Oscar Handlin）对美国移民史的研究，最终尘埃落定，令人俯首称臣。

通过这种方式，历史学家对于大众通俗的观点做出回应的同时，又给予了适当的纠正。有时，他只是深化了他们对历史重要转折点的一般理解；但在其他时候，他会极力说服大多数人去接受一个新的观点。或者确切地说，正如1940年法国沦陷，他可能向大多数人呈现出的是以新的观念去理解一个耳熟能详、富于戏剧性的结局。法国军队遭遇滑铁卢是政治与社会"衰败"直接作用的结果，对这场战争结局最初的见解简化为一个简单的因果关系，一系列事件形成的不太直接的连锁反应。进一步研究，我们可以得出以下结论：战争酿成的灾难与议会政府信心的丧失毫无关系；因为战争的失败通常被归因于法国将军的无能。它与反对民主论战的关系表明，之前的10年与此相类似，起着催化的作用；通过打破法国人赖以生存的公共价值，军事上的失败萌生了一种对意识形态质疑的潜在情绪，从而掀起了一场全面反革命运动。

我有时会认为，在对流传已久的传言进行纠正的过程中，历史学家自身也会提出一些新的说法。比如，我现在想到的，围绕着"1933年1月初，希特勒在银行家施罗德的家中会见了一众来自莱茵鲁尔（Rhine-Ruhr）地区的实业家"存在着大量的猜测。在此，我们认为，直到第三帝国（指希特勒统治下的德国）沦陷前，这个颇具戏剧性的聚会应该是隐秘的，因此公众对此并不知情。只有在那个时候，历史学家发现了让希特勒上台执政不到一个月秘而不宣交易的证据：一些商人同意支付纳粹的债务；纳粹领导人为其所在政党做出承诺，即他不会与德国经济资本主义体制（在国民经济中起重要作用的那一部分）有一丝瓜葛。[①]我认为，对1933年年初这个事件的评价大都是正确的：作为深受保守党信任的执政者希特勒，大多数诸如此类的说法可被视为了解他必不可少的第一步。然而，是否一次会晤就会像历史学家随后所认为的那样产生如此深远的意义，我对此表示质疑；我认为，如果这种对问题的宽慰延伸到商业阶层将会是一件含混不清的事情，那是因为它无法通过线索暗示与象征性的姿态来表达。

在这样的情景之下，历史学家所面临的最痛苦的折磨莫过于使单一的事件背负过重的阐释。他陶醉于自身的叙述力量，甚至失去了自控力，从而屈就于读者的审美偏好。然而，在越来越多令人产生疑问的例子中，他也会给他们灌输一些之前从未耳闻的事情。他将自己的观点从1933年1月的"一纸契约"中提炼出来，历史学家将读者带入结局之后的余波以及悖论中。究竟是哪一个合作方签订的协议愚弄了另一方？是不是有在场人士会对随意达成的协定表现出一丝怀疑，是否因此引发了12年后希特勒在其当初匆匆入驻的总统府化为灰烬，就此收场？

---

① 乔治·哈尔加滕：《1931—1933年阿道夫·希特勒和德国的重工业》，载《经济史杂志》，第12期，夏季刊，1952年，第222～246页。

又或许是否有一两个更敏锐的人对这种灾难性的结局（*Götterdämmerung*）[1]有着无意识的向往？最令历史学家感到兴奋的工作即论证历史行动的讽刺意味，被愚弄的人们在无限延长的日子中不断上演着荒谬，只有等到人类社会本身陷入终结，才能对谁笑到了最后做出判定。有些历史人物实现了其初衷；有些则南辕北辙；可能是这些显而易见的特征，与他们声称一直想要得到的更高层次的东西背道而驰。对于历史学家来说，又有什么其他方法比通过我们过去对宏大虚构的场景不断做出修正，以此来暗示宇宙反讽（cosmic irony）[2]更好的呢？

我举出的大多数例子都来自政治和军事史。因为它们都能给阐释以充分的理由。叙述史学家与读者分享的关于政治与战争这样有说服力的事件，能将核心叙事线索一以贯之。从擅于探究当代历史写作前沿消息的某些学者那里得出这样一个过时

---

① Götterdämmerung 原指北欧神话，表示预言中的一连串巨大劫难，包括造成许多重要神祇（奥丁、索尔、弗雷、海姆达尔、霜巨人、洛基等）死亡的大战，无数的自然浩劫，之后整个世界沉没在水底。然而最终世界复苏了，存活的神与两名人类重新建立了新世界。——译者注

② "宇宙反讽"（cosmic irony）又称"命运反讽"（irony of fate），最初由德国浪漫主义批评家提出，指"作者把上帝、命运或宇宙运转描绘成似乎是在操纵事态的发展，使主人公产生虚假的希望，然后挫败和嘲笑他们"。这种反讽表现出生活中每一个人都或多或少是反讽的受害者，而在反讽背后藏着一个持反讽态度、反复无常、性情乖戾、充满敌意的上帝或命运。人对自己周围的世界、他人及自己的错误认识而遭到命运的捉弄，是造成反讽的根本原因之一。神秘可怕的力量阻挡了人们的视线，使人犹如瞎子在这个世界上行走，最终落入由自己一手编织的毁灭之网，是造成反讽的根本原因之二。——译者注

的让人感到郁闷的结论。历时 2 个世纪后，以人类精神为主题的其他历史创作是否只能以回归议会和战争而告终？

我并不认为以上所说的涵盖了全部的可能性。但我认为，经验丰富的历史学家和读者需要再一次铭记的是，共同的理解决定了他们的所作所为。公众通过阅读报纸消息，形成了他们对当代历史的见解；战争和战争所造成的威胁占据主导地位。在这种背景之下，一般读者洞察出他所在社会的叙述方向，就此为其惯常的活动建立起世俗的体系。历史学家也是如此，如果他想传达社会成员对他们生活的公共性抱有怎样的态度，他也就不得不如此行事。这种分析历史以统计数据的方式呈现，如经济学、人口学等类似的学科，不可能调动将军与政治家固有的个人直觉。的确，分析历史的一个难点就是要获得一些面对面的特征，因此，群体研究的重要性在于将人类活动的可重复性带入人的尺度。

因此，最新的分析历史可以参考传统叙事，与此同时，以其另类的方法与视角来充实后者。叙事方法对经济与社会的概括赋予了人文的同情心与现实性；调查研究的分析方法可以对纠正大众对历史关键时刻的看法起到辅助作用，这个过程似乎是漫长的，永无止境的——通过凸显将军和政治家的活动在哪些方面真正起到决定性作用，以及他们的活动之中哪些只是偶尔为之或是坊间传言。如果我们历史学家可以同时两者兼顾，如果我们能更新以往对未知远景的理解，与此同时不失其运动与活力，那么我们将会真真切切地在历史研究领域开创出一个新纪元。在叙述与分析方法上做出一个清晰的划分不完全是我们所追求的；而将二者融合，往事便能被清晰明白地揭示出来了。

历史学兼有艺术和科学两种特性。叙述的艺术层面是显而易见的：它们已成为当下论文的主要负累。然而，其科学性特征却模棱两可。讲述也是先知先觉。这里再一次表明，历史学家精神禀赋的本性决定了其所作所为，无论其有意识的意图（conscious intention）多么抵制它的存在。历史学家通常拒绝做出某种预测；他坦言这并非他职责所在，还是把它留给更具先验色彩的社会科学。但事实上，他默认自己始终都在预测。他不能为此半途而废。

历史学家一定要做出概括；而且在这样做的同时，会为未来的行动提供一般的指导，尽管这些指导并非一些特别的预言，但却是行之有效且有益的。然而，历史学家不能对特殊的事件做出预言，因为特殊的事件是独一无二的，而且因为偶然因素会进入其中。这种使哲学家焦虑的区分在普通人看来，是十分明显的。如果学校里两三个孩子患上麻疹，你会得出这样的结论：这种病将会传播开来；而且这种预言，如果你愿意这样称呼的话，是从过去经验中概括出来的，而且也是行之有效且有益的行动指南。但是你不能做出特定的预言，说查理和玛丽将患上这种病。①

---

① 爱德华·霍列特·卡尔：《历史是什么?》，纽约，1961 年，第 87~88 页。

历史学家不会掌控全局。然而，就像其他类型的科学家，他会在哪些具备了潜在的可能性，哪些是有一定根据且很可能会发生的，又有哪些几乎可以确定的，这三者间划定界限。大多数时候，他会迂回地，或者简单地梳理他对过往事件所持的观点，以此推进潜伏在未来的其他事件。我们称之为回顾性预测（retrospective prediction）。因为随后一连串的事件并不是真正潜伏于未来——历史学家所谓的未来，它仅仅是对于一连串事件最初的参与者而言的未来。这种预测的准确定义可以这样说：我们称之为历史学家对于结果的知晓享有的某种特权。但当一连串的同顾和追溯走到了尽头，又会发生什么呢？当历史学家实现了他自身存在的价值，他将有何打算——当他失去了自己的专业知识，变成了像其他人那样的盲目参与者，他还会尽其所能地窥视未来吗？他会就此放弃对某些事情的种种预测吗？他会不会彻底改写字里行间的结构，以便与他们面向未来时采取的固定行动隔离开来？我不认为他会如此行事，也不认为他应该这么做。他能做的而且确实可行的是沿袭之前的做法。他应坚持基于既定事实而预测未来的分析思路，而不是仅仅遵照约定俗成，或者对他来说陌生的写作惯例。我想，所有这一切将会变得十分明朗，现在，我们是时候着手探究我们所处时代历史书写的危机与愉悦了。

# 第五章　当代史是真实的历史吗？

当我还是一名学生的时候，就对"从事当代史写作与教育的学者不受重视"这个事情留有深刻的印象。有传言称，在一个课题日渐成熟并进行历史评述之前，欧洲整整一个世纪就过去了，还有，自法国大革命以来的整个时期被归为当代，这种分类就是有争议的。我注意到，即使是在我自己的国家，大学课程被贴上"自从"这个给定的日期，并可能由此直接推移至今，事实上，在它们被赋予年份之前，至少在10年之内就停止或者逐渐消失。当我开始对自己看过的时事新闻进行理解的时候，我发现，传统历史研究划定的终点与个体理性时代的起点之间存在着大小不一的裂隙。根据我的判断，这种类似的情况仍然存在。我发现，我的学生对知识的领悟还停留在其童年时期一知半解的状态：今天看来，希特勒远不如匈奴王阿提拉（Attila the Hun）真切。近代和遥远的古代对于年轻人来说一样陌生，总而言之，在历史上没有将其同等看待，毫无充分理由，我竭尽全力消除这条蒙昧的鸿沟，它将我所讲的课程与晨报的消息相提并论，这么多年来扰乱了学生对历史的理解。

然而早些时候的疑问对我产生的困扰从未消除。对于很多，可以说大多数历史学同行来说，我们所处时代的历史不能称之"真实"的历史。当代史不被重视，饱受了某种无法挽回的缺憾，时事新闻，或者还有政治学，都不是以历史术语的惯常意义出现的。如果我时常说服自己和他人，我就不会做那些徒劳的工作了，这意味着文献、视角以及公平性或者客观性存在的不足都需要谨慎地进行核查。

针对当代史最耳熟能详的指责是源于我们还没有掌握"文献资料"，因此无法被书写。无视或否认这种谴责是可笑的。苏联机密档案至今也没有向学者和研究人员透露，而且今后似乎可能依然如此；有多少重要的资源被雪藏，我不愿做出估量。在这种不利的条件下，如果有学者试图写出 20 世纪中叶的历史，大概没人会有异议。如果他着手研究更早的历史，他将免于诸多烦恼。

然而，我并不认为，这种不利的因素会像人们所认为的那样产生很大影响。文献资料短缺所带来的压力源自对文献本身价值相应的高估——我已经在文中再三重复了这个观点，在此做充分说明。显然，如果缺少了符合史实的文献，对各种历史的书写就可谓天方夜谭。但是我们不该依靠太多的文字资料。E. H. 卡尔提醒我们，"没有什么文献资料告诉我们的东西要超出这些文献的作者所想的——他想象中已经发生的事情，应该发生的事情或将要发生的事情，或者只是他想让别人知道他想象中的事情，甚至只是他自己认为他所想过的事情"①。

对文献资料的狂热追求正如历史写作的其他很多方式一样，自身以史料为根据进行阐释。当天主教徒与新教神职人员试图以抨击传统经典文本的有效性，或发掘全新阐释的方式来驳斥对方观点的时候，就可以追溯到系统化学术的起源，还有，利奥波德·冯·兰克(Leopold von Ranke)以文献资料的系统开发作为其研讨会的依据，对于文献的重视在 19 世纪上半叶加以深化。最令兰克感到兴奋的，就是对威尼斯大使外交关系(*relazioni*)的考证——沉着冷静的广泛调查、经验丰富的外交官，以及以笃定与质疑兼有的国际视野做全面考察，这也与小国代表的姿态相吻合，所产生的极不相称的影响反映了他们巧妙操纵欧洲势力均衡的娴熟自如的外交手腕。一位年轻历史学家的职业气质在于敏锐洞察方法与特征的微妙之处，这样的态度与历史学的气质相契合。又或许是与世长辞的威尼斯大使赋予了历史学家以顺应他们自身诸多想法的思路。"文献资料本身

---

① 爱德华·霍列特·卡尔：《历史是什么？》，纽约，1961 年，第 16 页。

具有一定的形式"（*Der Stoff brachte die Form mit sich*）——"文献资料将其本身强加于他所写历史的形式"，兰克坦言，也就此承认，他是想让这些材料驾驭其自身，而并非以铁腕来支配它们。无论过程如何，历史学家与他们所运用的资料最终实现紧密的契合。

从选择性亲和力（elective affinity）中派生出一些在随后历史研究中意味深远的影响。首先，我们以政治家的视角对事件进行观察的时候，已经注意到了这个趋势，简而言之就是对大国体系和外交现状习以为常。随之而来的是进一步假设，战争与外交是历史学家重点关注的问题——兰克称之为外交政策的头等大事——这个观点甚至在我们自己的国家也获得了普遍认同，从而引发一连串当代趋势的反应，即从对内政策入手，继而转向被视为国内斗争外在表现的外交事务。更何况，外交公文所具有的严谨与保密性令历史学家坚信，其他类型的文献同样可以掌控。未经深思熟虑便可草率得出结论：在历史调查的每一个领域，都存在大量清晰标明具体时限的文献资料；他们似乎忘了，对于某些课题，比如政府史学，各种各样的文献资料铺天盖地、目不暇接，而在其他领域几乎不可能有如此景观。最重要的是，对文献资料的过分依赖往往不利于直接观察：作为不对外公开、处于半保密状态的禁区，外交几乎是历史学家对自身所在学科研究有幸涉足的最后一个领域。第二次世界大战对于他们而言，就是一份最为侥幸的意外收获。相当一部分英美历史学家发现自己身陷外交事务中，他们凭借战时经验获得了不可估量的一手资料，书写了真实的外交史。

即使在过去的几个世纪里，历史学家做出惯常假设，即有这样一个类似"文献资料"的东西，容易辨别且数量有限，经过悉心研究之后逐一分析。对于我们所处的时代，这样的研究方式近乎荒谬。随着打字机以及更多瞬息万变的现代复制装置的问世，政府官方文件的流通超越了人类的所有界限，以打印、复印等多种印刷方式呈现出来，官方文件获得了不可小觑的显赫地位。而相比之下，常用的长途电话以及乘机旅行的效果大幅度减少：当大师通过横跨大西洋的电缆彼此沟通，或者为了一次短暂的私人会面而长途跋涉，他们的重要会谈从未被记录下来。外交官遥不可及的日子已经一去不复返了，他意识到自己可能几周都不能接受命令或任务，或者是很多年都没能和他的上级见面，而且写快件的情境与阅读快件的情境大相径庭，他不得不以历史学家沉着与超然的姿态来书写。时至今日，我们只有紧急的信息，要不然就是在记录中陷入缄默。结果却是，历史学家在研究中面临着巨大的不公平，一种优越者面临选择的困境（*embarras de richesse*），夹杂着这些缺失被一笔勾销所带来的痛心疾首。严谨覆盖整个 18、19 世纪的文献资料已经绝迹。在某些方面，今天的历史学家沉浸在他能享有的最好时代。

（然而，在这片辽阔的草场，坦诚地说，供他们放牧的空间却与日俱减。）在其他别的地方，当代史历史学家与中世纪史学家竭力钻研几乎所有文献资料的缺口并没有任何实质性的区别。

那么，让我们从阴郁的绝望中走出来，对此发出由衷的认同：即使在 20 世纪中叶，也不会出现"文献资料"随处可见的那一天。然而，这些必须被载入史册；大众需要这些，而且他们也有权知晓。如果我们不履行这个义务，其他缺乏资质的人会取而代之。对于我们所处时代书写的历史观点也并非像某些教科书所写的那样打破了常规。甚至在 19 世纪，这个令人费解的观点公之于众的时候，历史学家早就习以为常了。更何况，大多数被我们奉为经典的作品都落入了这个窠臼。我将会在随后对它们进行点评。当然，这些著作的作者在写作的过程中缺乏作为引证的注释；当然，他们所做出的结论在随后的学术研究中被大幅修正。然而，至少作为文学和人类观察的里程碑，这些著作仍占有一席之地。

也许，这就是当代史的书写所能完成的全部了。这已然是尽心竭力所能达到的了。缺乏参考文献的作品注定会被逐一取而代之，历史学家在其自身所处的时代仍然能够创作出对后世有所启发，并且赋予同代人一定幻想的艺术作品。当我们将目光转向更深层次和令人困惑不解的观点和客观现实的时候，那些想要充分彰显其表现力的作品，终将得不偿失。

迄今为止，几乎我们所有人都接受了克罗齐的格言——历史的书写必定随历史学家的观点而改变，所有的历史都是当代史，在这个意义上讲，它所呈现的内容反映了其写作者的境遇与态度。每一代人都会重写历史。在历史学界，没有这样一个"权威"的版本。或者，更确切地说，如果有几本书的权威性和影响力久经考验，那是因为他们论述的事件已经暂时从当下的争议中脱离开来，而且历史学家尚未耳闻需重新审视它们的紧迫呼声。

从这个观点来看，对当代史不利的第二个指控来自"当代"这个词语的一般含义，我们至今对它的理解都知之甚少，却草率做出定论。诚然，在我们开始有意识地把重大事件和微不足道的事件分开对待之前，势必要耗费一小段时间（也许仅仅只有几个月）。但是这个评估的过程事实上却在我们的思绪中蓄积了很久。（我们知道，1961 年初春时候的古巴危机是一个大事件；我们所不知道的是，与一年半后古巴爆发的更大的危机相比，却又相形见绌。）对于当代论战的终止以及史学判断的沿袭没有固定的观点；二者并驾齐驱，在遥远的过去，在当下都是如此。

在任何终极意义上，时间的推移对于当代事件所赋予的最好的（或最坏的）就是使它们淡出视线，在永恒的镜像中渐行渐远。然而这种预期的结果不会即刻在它们身上应验；曾被视为至关重要的历史细节陷入了不合时宜的境地，在这之前，几代人甚至几个世纪就这样过去了。当我还是一名学生的时候，我们细致入微地追寻法国大革命这段历史；我们充分了解了所有的党派变迁以及 1790 年盛行的意识形态。如今，一代人之后，这些事情都趋向于以一种更加简单的方式来表现。我认为，其中的原因还是在于共同经验（collective experience）发生的改变。我的学生时代处于 20 世纪 30 年代，那是一个思想情感慷慨激昂的时代，回想起来，这 10 年仿佛是意识形态本身的回光返照，而随后我们所说的概念在当代政治含混乏味的交流中被吞没。当下，宗教与社会地位让学生们感到历史研究的紧迫感，对于我大学时代的同龄人来说，这些旧时的争论却是无关紧要、老生常谈的话题，就像路德与加尔文教派之间的争论焦点，有时会出人意料地带来强烈的紧迫感。

那么，需要更密切审视的是历史研究开始融入第三个问题，同时也是最易被大众误解的，那就是独立性或者客观性。我将再一次援引我学生的经历，我记得，我曾一度对历史写作者或历史老师能够而且也应当获得一种超然的姿态信以为真。正如法国人所说的，他应该超然于人类活动的喧嚣混战（mêlée），怀着无懈可击的信心指点"后世的裁定"。从那时起，我强烈地受到了贝奈戴托·克罗齐（Benedetto Croce）思想的熏陶，纠正了我对这一观点的理解：我认识到，历史学家竭力保持超然姿态的结果通常是，他所持的观点与他人所称的"伟大历史"（great history）截然相反。它已经被视为非暴力的历史，缺乏明确的重点，关注它的人完全出于对古迹研究的好奇心，而并非个人深切的求知欲，而且所有这一切潜伏在大量哲学与道德的假设中被巧妙隐藏。

这并不意味着，我，以及像我一样的其他人，已经从克罗齐那里借鉴到要客观地书写有争议的历史。事实远非如此：我们反感纯粹的论战，而且我们当然知道如何分辨优质的历史写作与委身于某种原因的写作。我们认识到，保持泰然自若与全球化视野才是历史学家需要通过身体力行实现的。然而，我们要以有别于过去所学的方法理解这个期待。我们从克罗齐以及像他一样的学者那里学到的是，当"客观性"来之不易，当我们认识到一场令人愤怒、肆意妄为的争论的最终结局就是为了克服盲目的激情，只有在这个时候，"客观性"才能得到重视。对问题有着肤浅理解的人根本不能写出伟大的历史。他意识不到自己的偏见，就不能全然的理解并因此实现超越，他所书写的字里行间也不会充满焦虑与兴奋，即那种仅仅被抑制住的强烈情感。只有在历史学家对自己的局限性有所掌控时，他才能开始建设性地运用它们。"人能超越社会和历史环境的能力，似乎是由他认识自己身陷这种环境程度的敏感度决定的。"[1]就像我们刚才所看到的，对历史问题产生的真正的好奇心，关乎某人

---

① 爱德华·霍列特·卡尔：《历史是什么？》，纽约，1961年，第54页。

自己的时间感；以及这种关联性的标准源于某人自身道德和审美价值的情感依托。随着对知识理解范畴的逐渐演变，这种求知的热情最终升华为对历史评价重要性的断言上。

　　同样的考虑也适用于"客观性"另一个更让人颇感焦虑的问题——道德判断。我们可以记起，艾克顿公爵斥责兰克没有对历代伟人的罪行进行一番批判。然而几个世纪以来，艾克顿肆意撒布恭维之词，不加选择地责备，殊不知自己却犯了与兰克相对立的错误。我认为，二者均误解了问题的核心；真正的问题是，兰克和艾克顿各自分别以迥然不同的方式表现出的史学想象力存在着一定的局限性。前者，如同一个闭门造车的学者，对战争和暴力一无所知，他无法投入充足的情感来体会受害者行刑时的痛苦，他对受害者的叙述无疑是苍白无力的。（我想起了我所经历过的一次震撼打击，当时，我从容地翻开兰克所写的《教皇史》(*History of the Popes*)，那些圣洁的教皇反对宗教改革，却让异教徒遭受火刑！兰克却对教皇采取的教会大清扫含蓄地表示支持，我才突然有所顿悟。）相反，艾克顿丝毫不能理解，身处一个对残暴熟视无睹，以杀戮他人保全自我的时代，治国之才陷入痛苦的困境。我并不认为，我们必须要在这些明显的例子中做出选择；我们没有必要表明我们在道德上的冷漠，或者到处宣扬道德判断。如果我们仅仅凭责任心和想象力完成历史学家应尽的职责，道德问题将会浮出水面。赫伯特·巴特菲尔德（Herbert Butterfield）巧妙地做出了阐释：

真相就是……我们无须从历史学家那里得到任何帮助就能认识到宗教迫害、大规模屠杀、现代集中营或者是对异议人士镇压的罪行。那些无法承认"杀戮与折磨是灭绝人性"的人们将很难通过历史学家给这些事件贴上的标签和称号实现他们自身的理解。这是历史学家强化最初的历史评价，从而有助于道德成因的方法之一；而且这个方法完全在其职责范围之内，因为这只需描述、表达那些被披露出来的屠杀或迫害的具体细节，并赋予明确阐释其实际意义。可以这样说，道德冷漠的其中一个原因恰恰是没有以客观的方式对犯罪和折磨令人发指的本质进行形象阐释；但是对于那些对历史描述无动于衷的人，他们也不会被教皇任何接二连三的言论所打动。①

而且，无论是历史学家对过去还是当前所关注的，客观性、独立性、道德判断等一系列问题并无差异可言。在兰克与艾克顿的强烈对比之下，不相容的观点在其学术研究以及对当代事件的评论上依然如故。具体的争论点就在于教皇权在近代早期的地位。然而，当德国历史学家记述了他一人之下万人之上，掌控大权、名噪一时，对教皇掩饰其早年间犯下的罪行而沾沾

① 赫伯特·巴特菲尔德：《历史与人的关系》，伦敦，1951 年，第 122～123 页。

自喜的现状表示赞同，而且英国天主教徒曾在 1870 年的梵蒂冈会议上发言，他公然谴责教皇游说的阴谋，同时揭露了宗教裁判所(The Inquisition)①的残酷暴行。对于当代史，以及更为传统意义上的历史而言，"客观性"的标准和范畴最终筛选出来的都大同小异。历史学家所做的，仅仅和以其自身专属的不可或缺的价值观开诚布公的书写并无二异。保守派墨守成规、循规蹈矩，激进派则是慷慨激昂、挥斥方遒，而且他们自觉没有必要对这样的行为道歉。

在这两种情况中，伟大历史的特质是其自身的崭露头角，不管作者的具体意识形态是什么。我更喜欢读好书，但其中必定有一些我不赞同的假设；我不喜欢读在学术或说理性上大而化之，与我自己价值观相似的作品。同样，我认为，所有伟大的历史都存在固有的矛盾。历史学家忠于他自己的思想观念，但是另一方面，他又对他所反对的观点抱有理解和共鸣。与天主教徒艾克顿相比，新教路德派信徒兰克为教皇提出了更充分

① 宗教裁判所(The Inquisition)是 13 世纪至 19 世纪天主教会侦察和审判异端的机构，又称异端裁判所、宗教法庭。旨在镇压一切反教会、反封建的异端，以及有异端思想或同情异端的人。教皇英诺森三世为镇压法国南部阿尔比派异端，曾建立教会的侦察和审判机构，是为宗教裁判所的发端。霍诺里乌斯三世继任教皇后，于 1220 年通令西欧各国教会建立宗教裁判所。教皇格列高利九世又重申前令，强调设置机构的重要性，并任命由其直接控制的托钵僧为裁判官，要求各主教予以协助。于是宗教裁判所在西欧天主教国家普遍成立。——译者注

的理由，尽管美国历史学家弗朗西斯·帕克曼（Francis Parkman）将英国人在北美战胜了法国人取得胜利看作一件好事，但还是禁不住将路易斯·约瑟夫·德·蒙卡尔姆（Louis-Joseph de Montcalm）侯爵牺牲的悲伤与钦佩当作书写的题材。最初情感的升华再一次在其中起到了作用：历史学家蓄积的矛盾与不安帮助他超越了肤浅通俗作品或者党派争论。强烈情感的潜在势力依然存在：紧迫性仍未被解除。然而，无论是现在还是过去，通过贯彻这一想法，从最开始喧嚣聒噪的争论，奇迹般地转化为历史。

"雅典历史学家修昔底德（Thucydides）记述了伯罗奔尼撒人与雅典人之间的战争史，从战争爆发的时刻入手，而且我相信这场伟大的战争比之前发生的任何一场战争更值得叙述。"这就是世间首部而且也是最为著名的当代史的开篇句。2000年后，修昔底德的意大利模仿者，弗朗切斯科·圭恰迪尼（Francesco Guicciardini）在其历史研究中有着相似的记载。他告诉我们，"我已经决定写出我们记忆中在意大利发生的事情，从法国军火开始，被我们这里有权势的人召集在一起，这也是国家蒙受苦难的开始"。自罗马帝国时代以来从未有过，历史学家解释道，"意大利既不曾享有如此繁荣，也不曾经历如此盛世，正如在公元1490这一年平静得无任何波澜"①。然后传来洛伦佐·德·

---

① 弗朗切斯科·圭恰迪尼：《意大利史》，第一卷。

美第奇（Lorenzo de' Medici）的死讯和法国入侵的消息，一代人之后，意大利的自由就不复存在了。

二者的语气惊人的相似。修昔底德和圭契尔迪尼都经历过他们所说的那些事件；他们仍然继续前行，而且感到有一种势不可当的使命，趁这些事情在他们脑海中还清晰明朗之时，迫切地传达其重要性所在，因为他们都认识到这些事件的灾难性特质。雅典被斯巴达击败作为希腊历史的重要转折点，这是对修昔底德而言的，同样也是对我们而言的。① 对圭契尔迪尼来说，法国入侵搅乱了岌岌可危的意大利政坛，无情地阻断了欧洲文化霸权在意大利的蔓延，而且后来的研究者再也没有改变他们对当代的判断。修昔底德和圭契尔迪尼都将文学特质与其研究价值中出人意料的精准判断相结合。经过一致同意，他们的创作被视为一部伟大的当代史，这种崇高性体现在主题中，在表现手法上亦是如此。历史学家自身充分意识到他们所取得成就的价值所在；他们对其权威主题仰之弥高、魂牵梦绕。我们值得在这两人身上停留片刻，体会一下，我们是否能从他们

---

① 古希腊史学家修昔底德在阐述公元前 5 世纪在雅典和斯巴达两国发生的战争时提出修昔底德陷阱（Thucydides's trap）。两国在长达 30 年的战争之后，最终双方都被毁灭。修昔底德总结说，"使得战争无可避免的原因是雅典日益壮大的力量，还有这种力量在斯巴达造成的恐惧"，也就是说，一个新崛起的大国必然要挑战现存大国，而现存大国也必然来回应这种威胁，战争变得不可避免。至今，修昔底德陷阱几乎已经被视为国际关系的"铁律"。

的例子中，贯穿 2500 年历史文脉，针对伟大当代史的标准，提出更明确清晰的观点。

修昔底德和圭契尔迪尼并不仅仅是一个观察者。他们已被卷入到了自己所写事件的风口浪尖，而且尝到了失败与耻辱的苦涩。修昔底德曾在早期伯罗奔尼撒战役中任将军；在外国势力的庇护下，作为外交家以及佛罗伦萨寡头政治集团的一名成员，圭契尔迪尼只能勉强接受美第奇的回归。事实上，修昔底德和圭契尔迪尼是天生的，也是出身于传统的寡头政治执政者，这源于他们对其所处时代占统治地位的极权政府以及民运活动的极其不信任。因此，他们的失败感遭受了三重打击：他们个人流露出的失望感，自身所在城市及社会阶级的耻辱带给他们雪上加霜的悲哀。

那么，他们书写自己的历史，哀莫大于心死。在热门活动中频频缺席，对未来万念俱灰，他们感到了一种召唤，是时候向同代人解释这些强烈的失望感是如何产生的。结果却是以一种特有的超然姿态认识到，不能将所有过错归咎于一方：历史学家同行的无能酿成了这一后果。修昔底德足够坦诚，向斯巴达精良的军事队伍俯首称臣，而且毫不留情地揭露了雅典人的软弱无能，这直接导致了围攻锡拉库萨战役惨败；在同族的意大利人暴露了他们在政治上的无能之后，圭契尔迪尼最终勉强接受了美第奇家族的统治作为"良好秩序"的最佳保障。而且，我们发现，历史学家个人的矛盾情感对于其阐释至关重要：谬误的一方已经占了上风，然而挫败的一方给自己遭遇诸多不幸寻找辩词，忍不住要去了解胜利者在道德和技术上的略高一筹。

当我们将目光推移至 19 世纪，会发现一连串与在思想和政治上的失望者相对应的后继人，他们发觉自己竟是受到内在需要的驱使才书写他们所处时代的历史，对此，他们深感失望。在法国，"荣登"失败政治家(*hommes politiques manqués*)榜单的都是名噪一时之人：弗朗索瓦·皮埃尔·吉尧姆·基佐(François Pierre Guillaume Guizot)、阿历克西·德·托克维尔(Alexis de Tocqueville)以及马里·约瑟夫·路易·阿道夫·梯也尔(Marie Joseph Louis Adolphe Thiers)都榜上有名。在些许情况下，民众相形见绌只是暂时的：在 20 年的反对的声音消散之后，传统自由主义者梯也尔从拿破仑三世 1870 年战败中得到了充分印证。但在其他时候，就托克维尔而言，失望是永久的，而且生活笼罩在一种不祥的预感中：美国民主的欧洲先驱没能在有生之年看到他所在国家专制的衰败。然而，情感深处暗流涌动却不会因时间的流逝而烟消云散。这些人掌握公共事件的一手资料；他们已经倾其所有，将赌注压在政治的得失上。而且怀着这种缺失感，他们达到了原本无法达到的高度，为胜利展开一系列庆祝活动。对于所有伟大事件的领导人来说，自我辩解的企图随时都有压倒性的优势。但这听起来也许有点不可思议，当备受质疑的公众人物在一番巧辩之后蒙骗过关，这种企图变得更加阴险狡诈。因为这时的"历史"在为他服务，历史事件本身证实其观点正确无误，而且他也无须为博得同情付出同样的努力，或者不一定要让那些被他们征服的敌对方获得他们应得的。我怀疑，如果戴高乐(De Gaulle)的回忆录写于1945年他大获成功时，或1958年再度出山之后，而并非在他政绩稍差、众人期盼其毁于一旦之时创作出来，那么很可能会是一部令读者铭刻于心的回忆录。

并不是所有伟大的当代史都听起来像这样一首挽歌，而且并非所有当代史都出自大事件亲历者之笔。我认为，对于文献资料来说，这些只意味着获得了最佳的立场。然而，所有重大历史书写具有的直接、紧迫的基调，诸如此类的特征必有出处。如果书写的题材不是从个人切身的经历中获得，那么必定要有一种通过他人经验感受到的遭遇来取而代之，而且这些经历要产生相同的情感影响。

如果我们追溯取材于历史学家的传记，几乎总会在无意中发现，在其早年经验中，个人对周遭世界的认识发生着实质性的改变，环境背景变迁所带来的冲击迫使他提出问题。一个家庭乔迁至全新的、令人兴奋的地方，一个外国人的不期而至，地位或阶级差别无情地被揭穿，宗教疑惧的觉醒，这其中的任何一个，都将会起到决定性推动作用。以我自己为例，我8岁时前往法国的一次旅行打破了童年平静安稳的生活。第一次世界大战中保存完好的战壕，以及凡尔登周遭阴森恐怖的城堡都是我记忆中晦暗且郁郁的一部分，令人退避三舍的中世纪墓碑，圣米歇尔山笼罩的蒙蒙烟雨，地牢、酷刑室以及葬身于熊熊烈火但却从未伤害过任何一个人的圣女贞德（这点，到目前为止只有一个跨越大西洋的孩子可以辨认出来），当目睹这些之时，一个保护完好却不堪一击的美国幻想在新旧暴行被揭露以前就轰然坍塌了。

这个孩子和其他成千上万的孩子一样，在他之前，谁的历史会落入这样的陷阱，还没有定论，直到他着手探究这些事情的本来面目才逐一揭晓。历史天赋往往是水到渠成的，尽管他们在一开始无法认识到事件的真面目。一旦想象力被激发，恼人的问题可能潜伏数年，直到某一天，命中注定的认同感就在突如其来之时明朗化。

我记得，一名以刻板拘谨著称的历史学教授一度公开表示，在学校里教授历史课纯属浪费时间，因为男孩子和女孩子们理解时错误百出，而且当他们进入大学之后，他们还要重新学习一次。他们所能记住的只是一些无关紧要的名人逸事和英雄故事。我几乎不能想象一种判断力一错再错。让事情"如其所是"本不该成为问题，然而，最博学的历史学家面对任何术语的终极意义都不能确保他对事情的定义是准确无误的。关键点在于激发年轻人的想象力。而且鉴于此，无论从严谨的历史真实性的立场来看会受到怎样的质疑，一切都对此起到促进作用。站在年轻人的立场，我们教师应该摒弃自身职业上的苛刻。如果历史学家的视角是在其童年时获得的，那么随后，对当时观点的纠正就能够被应用。但如果我们束缚了儿童幻想最初的展翅翱翔，这种观点就会被抹杀掉或者从未萌生过。

众所周知，沃尔特·司各特（Walter Scott）爵士的历史小说融合了小说的虚构与历史的真实。如果说曾经出现过一名以"荒谬绝伦"著称，富有想象力的作家，说的就是他。然而，他小说中的骑士和勇士（甚至在他的字典里就是伪君子）却成为激发未来一代又一代历史学家想象力的起点。当我们探究 19 世纪主要历史作家的童年时代，我们会发现沃尔特爵士每隔多久会翻开一段新的篇章，颇有启发意义。依兰克来看，小说《威弗利》点燃了炽热的火焰，熊熊燃烧了整整 80 年。如今必定要出现另一段同样能激起狂热火焰的关乎历史的浪漫故事，无疑比司各特的其他作品更具"研究价值"。而且如果历史老师在不经意间将其摒弃在外，将是大错特错。

希腊故事中的诸神与英雄，亚瑟王的传说，我们自己的内战，无异于孩子们在户外或城市街头玩的赛跑和躲藏游戏，往往是一个偶然事件为观点的形成起到推波助澜的作用。只要历史想象被唤起，就无关紧要了。我们已经看到，这对于所有历史来说都恰如其分，不仅仅局限于我们所处时代的历史。但是在第一个关键问题范畴内，当代史在其中的重要性不可小觑。在由现代、近代以及古代构成的三位一体中，近代连接着另外两个时间段，起到承上启下的作用。退后一步说，使想象力大幅度跳跃到几乎完全陌生的领域。以我自己来讲，如果在我小时候，没有亲眼所见被大规模屠杀残害的遗骸，我被扭曲的想象力可能不会一下就跳到早期中世纪的残酷之谜。

无论是儿童还是成年人，无论是业余的历史文学爱好者，还是始终一丝不苟专注于文献资料的专业学者，历史学家不得不面临他自己所处的时代。他不能避开，因为他所处的时代不断地向他施压。如果他所从事的研究对其自身而言颇具古文物研究的意味，他会觉得有必要对近代的事件做一番评说。对于个人的归属感和理想的忠诚同样进退两难，人性与生俱来的冷酷与热情，都会干扰他对远古时代的研究，当他在现实生活的环境中让自己疲劳的双眸休息片刻，这些都在无形中给他带来一定的压力。中世纪史学家马克·布洛克从自己在1940年的经历中获得了灵感，作为储备参谋的他撰写出了对法国沦陷的研究。这是我所读过对失败分析得最让人信服的一篇，阐释的力道严格遵从于事实，透过一个普通人深切关注的目光，目击灾难与惨剧，不仅仅只局限于其所在国家历史的太平盛世，以及从义正词严和正明公道的历史评价背后看到的无法言说的伤痛。①

在欧洲，历史学家在常态研究中主攻两个方向，即对其专业领域早期问题的缜密研究，以及对其所在时代历史的关注。在美国，错误地过分强调学术的严谨性会使普通学者局限于对单一领域历史问题的研究。大多数专家宣称自己缺乏专业上的先决条件，在写作时刻意避开当代史。但是他们这样做，便让那些资历欠佳的人有机可乘。事实上，像布洛克这样研究边远地区人的生存状况的历史学家，以比较研究的方式对历史事件进行理解，在这方面极具天赋，比如一个悬而未决的概念可能被长久搁置，直到他个人的认同感在偶然间形成有意识的表达。

某些人必定会将我们这个时代发生的事情讲给同辈人听。某些人必定会在讲述中勾勒出社会变迁和文化重述的大致轮廓，而且他不应在对形势做出预测上有所顾虑，也不会因偶尔陷入某种尴尬境地而懊恼悔恨。曾经有一段时间，全世界的社会思想家都像这样，如出一辙，从作为社会学之父的孟德斯鸠，再到马克思，再到韦伯，基于时代的变迁思考自如。如今，社会学家像历史学家一样有着诸多忌惮。这种对社会思想的诸多推测比比皆是，没有一个人可以下定论。历史学家有得天独厚的

---

① 马克·布洛克：《奇异的挫败》，霍普金斯译，伦敦，1949 年。

条件去填补这个空白，而且他们也已经为此做好了准备。因为历史学家认识到了他自己各种身份之间的包容度，至少他是艺术家的同时，也是一名社会科学家，他能引导他人将这些特征进行富有想象力的融合，从而阐明我们所在的时代，对于此，历史学家绝对是不二人选。

**图书在版编目(CIP)数据**

历史学是什么？——科学与艺术之争 /（美）斯图尔特·休斯著；刘晗译. —北京：北京师范大学出版社，2018.1（2020.3重印）
（新史学译丛）
ISBN 978-7-303-22979-6

Ⅰ. ①历… Ⅱ. ①斯… ②刘… Ⅲ. 史学—研究 Ⅳ. ①K03

中国版本图书馆 CIP 数据核字（2017）第 255016 号

营 销 中 心 电 话　010-58805072　58807651
北师大出版社高等教育与学术著作分社 http://xueda.bnup.com

LISHIXUE SHI SHENME
出版发行：北京师范大学出版社 www.bnup.com
　　　　　北京市海淀区新街口外大街 19 号
　　　　　邮政编码：100875
印　　刷：鸿博昊天科技有限公司
经　　销：全国新华书店
开　　本：890 mm×1240 mm　1/32
印　　张：4.375
字　　数：85 千字
版　　次：2018 年 1 月第 1 版
印　　次：2020 年 3 月第 2 次印刷
定　　价：42.00 元

策划编辑：谭徐锋　　　　　　责任编辑：蒋智慧
美术编辑：王齐云　　　　　　装帧设计：王齐云
责任校对：陈　民　　　　　　责任印制：马　洁

北京市版权局著作权合同登记号：图字 01－2017－7412